Das Fest des Augenblicks

Wir danken Pro Helvetia für die Unterstützung

Die Académie Expérimentale des Théâtres hat in ihrer Reihe *Befragungen eines Werks* eine Tagung Luc Bondy gewidmet, einem Künstler am Schnittpunkt von deutschem und französischem Theater, an der Kreuzung von Oper, Schauspiel und Kino. Mitarbeiter und Exegeten, denen dieses Abenteuer wichtig ist, haben sich auf Einladung der Akademie versammelt, um noch nicht erhellte Seiten einer Persönlichkeit herauszuarbeiten, die Einteilungen unterläuft und Hierarchien trotzt. Georges Banu und Mark Blezinger waren die Veranstalter dieser Tagung, der nun dieses Buch folgt. Es erweitert und beschließt die Reflexion über ein Werk mit Zukunft.

Das Programm war das folgende:

Am 28. und 29. Oktober 1994: Vorführungen des Films *Das weite Land,* nach dem Stück von Arthur Schnitzler, und der Aufzeichnung der Inszenierung von *Die Zeit und das Zimmer* von Botho Strauß an der Berliner Schaubühne. Nach der Vorführung der Aufzeichnung desselben Stückes in der französischen Inszenierung Patrice Chéreaus folgten Begegnungen mit Luc Bondy, Patrice Chéreau, Rudolf Rach und Lionel Richard.

Am 5. und 6. November 1994: Überlegungen und Gespräche auf fünf Ebenen:

– Entwicklungsgang eines Werks
– Die Oper neu erfinden
– Lust an Räumen
– Die unerträgliche Leichtigkeit des Spielens
– Die Sprache und die Sprachen

Die in diesem Buch versammelten Zeugnisse über das Werk Luc Bondys stammen aus diesen Gesprächsrunden.

VORWORT

Neben der Rue des Martyrs, beim Haus von Yannis, aßen wir in einer Kneipe Hähnchen und Pommes frites.

– Und das Buch? fragte Luc.

– Ich möchte es gerne machen, aber ohne »Das Porträt« von Grüber zu wiederholen. Bloß nicht das, man sollte ein anderes Modell erfinden ...

– Warte einmal. Ich schaue, ob ich es finde ...

Luc, dieser Vorname, der Intimität erlaubt, ohne daß er gleich zum Spitznamen wird, verließ abrupt den Tisch, während ich, unberührt vom Lärm des Saals, weitersuchte. Das Hähnchen wurde kalt, die Pommes frites weichten auf. Ratlos wartete ich. Nicht allzu lang, Luc kam außer Atem zurück und legte ein Buch mit blaßgelbem Umschlag von Grasset auf die fettige Papierserviette.

– So etwas würde mir gefallen ...

Es war eine Sammlung von Gesprächen von Emmanuel Berl und Jean d'Ormesson, *Solange ihr an mich denken werdet*. Er schenkte es mir. Dann redeten wir weiter, schweiften ab, und während er das letzte zähe Kartoffelstäbchen verschlang, sprach er über Kierkegaard, der die Musik liebte, weil sie das Medium sei, durch das Gott zu uns spricht.

Wir gingen auseinander. Luc reiste, zog um, inszenierte, alles in der scheinbaren Zerfahrenheit, die er sich zur Lebensgewohnheit gemacht hat. Und wie bei Flut und Ebbe rückte das Buch auf dem Hoch einer

Inszenierung in die Ferne und tauchte im Tief nach der Premiere wieder auf. Immer in Restaurants, von *Lipp* bis zu miesen Kneipen. Das Projekt schien sich zu verlaufen. Und das umso mehr, als die Linien unscharf wurden und die Wünsche sich zunehmend widersprachen. Die Müdigkeit begann überhandzunehmen ... Wir faßten sogar eine Klausur in Spanien ins Auge, ein Schwächezeichen, denn für dieses Fata-Morgana-Buch mußten wir, das war mir klar, im Herzen der Stadt Zeit finden. Schwer vorstellbar ein Rückzug zu zweit, analog zum »Selbstmord zu zweit«, wie er von den Liebenden im Kabuki vollzogen wird.

Unterdessen ging mir Berl, von dem Luc nicht mehr sprach, weiter im Kopf herum, und je mehr ich ihn las, desto mehr erkannte ich in ihm so etwas wie Lucs Alter ego ... Luc hatte mir damit das Modell geliefert, wie unser Buch, ergänzt durch eine Selbstporträtskizze, werden sollte. Ganz Theatermensch, entblößte er sich über den Umweg eines anderen, dieser dritten Person, nach der jeder Regisseur, unfähig, *ich* zu sagen, das Verlangen hat. In den Antworten und Wünschen von Berl erkannte ich das Profil von Luc als Hohlform. War er sich dessen bewußt?

Dann fand die Luc gewidmete Tagung der Académie Expérimentale des Théâtres statt. Seine Freunde waren da ... Und eines Abends, nach langen Proben für *La Ronde* aus Brüssel zurück, kam er leichenblaß ins Théâtre du Rond-Point. Wie ein Kinoschauspieler, der erschöpft sein Bestes gibt, ließ er seine ebenso melancholische wie ironische Intelligenz funkeln. Sein Genie, sagte ich mir, drückt sich im Mündlichen aus ... Ein Buch wird es nur verraten. Lassen wir es!

Wie es die Zufälle fügen, Zufälle, die uns Freunde

treffen oder Dinge hören lassen, für die wir gewöhnlich taub sind, stieß ich in einer alten Nummer von *L'Autre Journal*, einer kurzlebigen Zeitschrift, auf eine Erzählung von Luc: *Ressemblance – Ähnlichkeit*. Sie hatte die Gefühlsgenauigkeit einer Novelle von Schnitzler. Der Mensch, der mich auf Texte hinwies, war selber Autor. Gelegenheitsautor, würde ich sagen, wie Berl. Versuchen wir es mit dem Buch …

Zwischen Angst und Lust hin- und hergerissen, wartete ich ab … Dazwischen schrieb ich einen Essay über Luc und seine Kunst des Regieführens auf der Suche nach dem »akzentuierten Leben«. Ich merkte, daß ich von diesem Künstler fasziniert war, der Theater macht, ohne deshalb Gefühle, Beziehungen zu opfern … Theater, das frei atmet, nicht draußen, sondern in dem »weiten Innenraum«, der für Luc die Bühne stets ist.

Wir waren ständig bemüht, nicht wirklich anzufangen, redeten aber doch weiter darüber, und so schien das Buchprojekt zum Scheitern verurteilt. Da plötzlich kam der Streik … der Streik, der das freie Elektron, das Luc ist, zu Hause festsetzte. Wir brauchten nicht mehr nach Spanien zu fahren! Also dachten wir über den »richtigen Gebrauch des Streiks« nach und sprachen, es war auf der Rue des Solitaires, über Theater und Bücher, Freunde und Opern, Vergangenheit und Zukunft. Wie Berl … und so erwies sich der erste Hinweis als der treffende! Die Schauspieler sagen, ein Satz, wenn er stark ist, genüge, um die Rolle in ihrer Gesamtheit zu erfassen. Luc hatte es anstelle eines Satzes mit einer Geste geschafft, das Buch von Berl hatte für mich diese Bedeutung angenommen. Doch wir brauchten Zeit, es auszuführen, die Zeit, die das Verlangen auf die Probe stellt, um es verstärkt oder kraftlos daraus hervorgehen zu lassen.

Was bei Hähnchen und Pommes frites begann, wurde dank des Streiks im Dezember fertig… Aber auch dazwischen telefonierte Luc, faxte, blieb mit der Welt in Kontakt, als sei er von der Angst, die Kommunikation könnte abbrechen, für immer beherrscht. Nachdem er über sich gesprochen hatte, hielt er inne, um die Verbindung zu den anderen wiederherzustellen. Während ich ein paar Monate früher für ein anderes Buch, mit Grotowski, in einem weltstädtischen Zentrum wie Montparnasse die Erfahrung vollkommener Abschließung gemacht hatte, fühlte ich mich jetzt in einer kleinen Straße im 19. Arrondissement in den Wirbel europaweiter Kommunikation gerissen. Luc schützt sich nicht. Er lebt bei offenen Fenstern und Türen. Er hört zu, antwortet, ruft, spricht, und gleichzeitig liest er, denkt nach, spielt. Während Grotowski versucht *zu sein*, flieht Luc in die hamletische Alternative, um nicht zu wählen: Er will *sein* und *nichtsein*. Diese doppelte Neigung macht Luc zu seinem Schicksal. Verliebt in die Geselligkeit wie in die Einsamkeit, ähnelt er Berl, der, um zu überleben, weniger auf das Werk setzte als auf die Spuren, die er im Gefühlsleben der anderen hinterließ… *Das Fest des Augenblicks* wird dauern *Solange ihr an mich denken werdet*.

GEORGES BANU

LOB DES UNVORHERSEHBAREN

Ist ein Künstler – also Schöpfer – denkbar, dessen Prägung Skeptizismus ist?

Es gibt zwei Arten von Skepsis: 1) Nicht daran glauben, was man nur sieht; 2) Nur daran glauben, was man sieht. Die erste Art ist die des platonischen Philosophen: Er sucht die reine Wahrheit jenseits der Erscheinung. Die zweite Art ist die der großen Maler des 19. Jahrhunderts: Sie suchten die Wahrheit in der reinen Erscheinung. Aber die Skepsis des Theatermachers Luc Bondy scheint radikaler. Einerseits zweifelt er an den ehrwürdigen großen Idealen sowohl im Leben als auf der Bühne; er versucht, sie mit Realien des menschlichen Verhaltens zu ersetzen. Andrerseits weiß er, daß eben dieses Verhalten voller Verstellung ist. Das heißt: Er traut nur dem, was er gesehen hat – und mißtraut zugleich jenen allzu sichtbaren Botschaften, die alle Mitmenschen, Freunde wie Fremde, pausenlos an uns aussenden. Wenn aber ein Regisseur in vollendeter Skepsis weder den Ideen noch den Erscheinungen glaubt – zerstört er nicht im voraus, was er uns zeigen soll? Was bleibt ihm, um es noch als Welt-auf-der-Bühne darzustellen?

Gerade dies aber belustigt und begeistert Luc Bondy: daß das gesamte Weltall unaufhörlich falsche Signale sendet – und daß diese unaufhörlich vor den Augen des Beobachters und Zweiflers zerstäuben, hinschwinden. Aus diesem Entstehen und Vergehen ergibt sich nicht nichts, sondern das schillernde, drängende Bild eines unsteten Universums, das sich im Spiel der Behauptungen und Widerlegungen gewinnt und verliert. Gewiß: Allein die Schaustellungen, die ein einziges Menschengesicht in einer einzigen Minute bietet, könnten Bondys Sensibilität irremachen daran, ob die Fluten von Zeichen, die ihn bedrängen, überhaupt noch etwas bezeichnen. Dennoch: Sooft er an dieser Frau, an jenem Mann eine Zuckung um die Lippen, einen Tick der Schultern oder Hüften entdeckt, kann er nicht widerstehen: er muß mit süchtiger Neugier fragen, was gerade dieser einzigartige, unverwechselbare Impuls denn enthüllt oder verbirgt. Er fragt sich jedesmal neu; er gibt sich und uns keine Antwort. Er verweigert die restlose Dechiffrierung: nicht nur weil sie unmöglich ist – sondern weil sie dem Spiel ein Ende setzt.

Die endgültige Dechiffrierung heißt das Jüngste Gericht: ein passender Job für Gott, nicht für uns Menschen. Vollends unpassend für Luc Bondy, wie er sich als Mensch und Theatermensch versteht. Was ihm möglich und erlaubt scheint, was seine Kunst ausmacht, ist ja gerade ein Nachspielen jenes Welt-Spiels, das falsche Gewißheiten in wahre Ungewißheiten, Antworten in Fragen verwandelt. Das Theater ist für ihn kein »schrecklicher Richterstuhl« (also auch keine moralische Anstalt). Ja, jeder definitive Urteilsspruch über eine seiner Bühnengestalten käme ihm als tyrannisch willkürliches Todesurteil vor (denn was hat ein Mensch noch auf der Bühne zu suchen, nachdem er »verstanden« worden ist?). Er quält seine Figuren, manchmal mit Lust – er mordet sie nicht. Er verachtet jene Regisseurskollegen, bei denen am Schluß des letzten Aktes nur noch blutlose, leichenbleiche Sche-

men übrigbleiben, weil sie alles aussprechen und aus-
agieren mußten: Opfer der vollständigen Entzifferung
ihrer Zeichen.

Wir stoßen nochmals auf das Problem der bewußten und unbewußten Zeichen. Für den Regisseur sind
sie nicht grundsätzlich verschiedenen Wesens. Denn
die so mühevoll produzierten bewußten Zeichen,
diese trügerischen Bekenntnisse an die Welt über das,
was wir sind – sie verraten sich selbst durch ein ganzes Feuerwerk unbewußter Zeichen: durch unsägliche
Krämpfe des Gesichts, des Körpers, der Stimme. Aus
den Augen dieses zuverlässigen, ehrlichen Kerls
schießen ganze Raketengarben von Heuchelei. Ein
bengalisches Feuer der Umschweife und Fälschungen
flackert um die Nasenflügel dieser Marquise oder In-
dustriellengattin, die sich aufrichtig wünscht und
weiß. (Eine von Marivaux' schönsten, schlimmsten
Komödien über die Lüge heißt: *Die Aufrichtigen.*)
Man braucht das alles nur wahrzunehmen – und als
Regisseur, als Schauspieler vorzuzeigen.

*

Luc Bondy ist ein hingegebener Beobachter kürzester,
vergänglichster Zeichen. Sein Verfügen über Bühnen-
wirkungen, sein Theaterinstinkt sind außergewöhnlich – und doch ist er ein Antitheatraliker. Will sagen:
Ihn graust es vor der üblichen Zeichensprache des
Theaters. Er findet es unerträglich, wenn ein Schauspieler, dessen Figur denkt, sich darum einen gedan-
kenvollen Ausdruck aufsetzt, sich gar in die Pose von
Rodins »Denker« wirft. Er erfährt die flüchtige Welt
zu genau, um nicht zu wissen, daß die wahren Zeichen schroff von den theatralischen Zeichen abste-

chen – und daß die letzteren nur das erzeugen, was Peter Brook »tödliches Theater« nennt.

Um der »Tödlichkeit« zu entkommen, wimmeln Bondys Inszenierungen von Gesten und Tonfällen, die improvisiert, wie eben erfunden wirken. Er zwingt den Zuschauer, den winzigsten Details von Mimik und Gestik zu folgen – wie er sie überall, wo er hinkommt, selber verfolgt: auf der Straße, im Flughafen, in der Kneipe und, was für seine Mitarbeiter gefährlich wird, in den Probenräumen des Theaters. Er ist (eine Erfahrung aus unserer langen Freundschaft) der drolligste und schärfste Imitator, den ich kenne: Imitator auch seiner Freunde. Es nützt nichts, sich davor in acht zu nehmen; denn dann äfft er einen als den nach, der sich vor der Lächerlichkeit in acht nimmt – die allerlächerlichste Figur dieser Welt.

Er liebt nicht nur, zu improvisieren. Er zeigt den Menschen als das täglich (auch nächtlich) improvisierende Wesen, die Menschheit als die Spezies der Improvisation. Das hat ihn zum zwillingshaft brüderlichen Regisseur der Komödien von Botho Strauß gemacht. Er interessiert sich für das Unerwartete, genauer: Nur, was er nicht vorhersieht, interessiert ihn. Er ist ein Abenteurer – doch nicht vom Schlag der Livingstone oder Shackleton, die ihre Entdeckungsfahrten pedantisch vorplanten (um von Afrika bis zum Nordpol jeden einsamen Weg in eine Handelsstraße, jedes weite Land in eine Kolonie zu verwandeln). Bondy gleicht eher einem Großstadtkind, das aus dem behüteten Zuhause abhaut und erst nach Mitternacht wiederkommt – und den Eltern freudestrahlend erzählt, was er erlebte, während sie sich die Haare ausrauften vor Angst. Bondys Abenteuer sind grausam: gegen die, die das Unsichere fürchten.

Beständigkeit hingegen, Treue, hat er nie geschätzt. Er will in ihr die Routine, den Mangel an Phantasie durchschaut haben, und er lacht sie aus. Er hält es mit Bergson: Die Quelle der Komik sei die mechanische Wiederholung einer geistigen oder körperlichen (Re-)Aktion. Treue kommt ihm als Wiederholung vor. Seine Inszenierung von *Così fan tutte* war bestürzend: nicht weil sie etwa vorführte, wie abscheulich Liebesverrat sei – im Gegenteil. Untreue erschien hier so gesund wie verständlich, gezeichnet mit inniger und realistischer Sachkenntnis. Lächerlich und elend wirkten nur die fiebrigen Versuche der beiden Mädchen, standhaft zu bleiben. Marivaux (ein Lieblingsautor Bondys) wußte: Treue ist eine Sünde wider die Natur. Wohlverstanden: wider die Menschennatur.

*

So gibt es eine einzige Oper, die ich mir nicht von Luc Bondy inszeniert denken kann: *Fidelio. Orpheus und Eurydike* ist ein ganz anderer Fall. Da geht es nicht um Treue, sondern um die Raserei des Verlusts, um den irren Versuch, ihn (in Gegenrichtung zur Zeit) ungeschehen zu machen: ein Syndrom, das Bondys Interesse wecken könnte. Aber jene beiden Hymnen auf die Standhaftigkeit, *Fidelio* und *Die Zauberflöte* – wie sollte er sie glauben und beleben? Müßten ihn deren HeldInnen, verkleidete, mit Kolportage geschminkte Bürgersleute, nicht langweilen: da sie in den abenteuerlichsten Situationen stures Beharren üben, statt sich den Reizen des Neuen hinzugeben? Pamina wird von Ordensbrüdern mit seltsamen Dogmen und Bräuchen verhaftet, fast von einem Neger vergewaltigt, mit dem alten Priesterkönig zwangsverheiratet. Leonore steigt in die Tiefen eines Piranesi-Kerkers hinab, stößt auf einen teuflischen Tyrannen, wird beinahe zur Mörderin dieses Mörders. – Und was folgt? Beide kommen aus all diesen Fährnissen als brave Ehefrauen für den Rest ihres Lebens hervor.

Man male sich statt dessen aus: Leonore, als Mann vermummt, läßt sich auf eine lesbische Liebschaft mit dem reizenden Kind aus dem Volke, Marzelline, ein. Pamina tröstet sich über die teutonische Steifheit und Prüderie ihres Tamino mit dem exotischen Halbvogel, Halbmenschen Papageno (mit dem sie schon das rührendste Duett über Menschen, welche Liebe fühlen, sang). Bondy müßte sich also einen Bearbeiter für *Fidelio*, für die *Zauberflöte* holen – gehörte er zu den Regisseuren, die Dramen und Opern beim Inszenieren umzuschreiben pflegen. Das hat er nie getan. Er erwies Shakespeare und Mozart, Schnitzler und Strauß eine unerschütterliche Treue, vielleicht die einzige, die er kennt. Sie kommt von der Dankespflicht: dafür, daß ihn Shakespeare, Mozart, Schnitzler, Strauß (Marivaux und Tschechow wären hinzuzufügen) bisher noch nie gelangweilt haben.

Seine verehrten, geliebten Autoren sind Genies des Unvorhersehbaren. Shakespeare vor allem im *Wintermärchen*. Da wird der Protagonist, fünf Minuten nach Stückbeginn, auf offener Szene von Eifersucht befallen: Er wird verrückt, ohne daß wir dafür je eine Erklärung fänden. Mozart vor allem in *Così fan tutte*. Da schließen zwei nette, normale junge Männer, ebenfalls fünf Minuten nach Beginn, eine absurde Wette ab, die das verwüsten wird, was sie beweisen soll: ihre und ihrer Geliebten Liebe. Nicht anders geht es bei Schnitzler und Strauß zu – nur daß ihre mörderischen Wetten (ob im *Weiten Land*, ob im

Gleichgewicht) ein wenig komplexer, nebliger, weil ein wenig moderner sind. Bondy sucht die rätselhaften Stücke, die »Surprises«: Überraschungen der Liebe, aber auch des Ekels, erst des Glücks, dann der Trauer.

*

Botho Strauß' *Das Gleichgewicht* ist seine vorletzte Inszenierung, ich vermute, seine schönste. Dieses Stück ist nicht nur rätselhaft. Es ist unverständlich. Daß ich es nicht verstehe, kommt mir umso grotesker vor, als gut ein Drittel davon in der kleinen Straße in Berlin spielt, in der ich wohne (und in der Strauß bis vor drei Jahren gewohnt hat). Die Trödler- und Antiquitätenläden, die italienischen Restaurants, die hier ansässig waren, wurden von Mieterhöhungen und ein paar Neubauten verdrängt, in denen es nur Büros gibt. Vom Rätselspiel *Gleichgewicht* erkenne ich jede Lokalität, jedes Thema, jede Person – nur verstehe ich es nicht.

Freilich: Botho Strauß' Antiquitätenhändler erscheinen so viel komischer und geheimnisreicher als die Damen und Herren, die ich sehe, sooft ich einkaufen gehe. Bis zu fünfmal am Tag wünsche ich mir folglich, ich hätte die Gabe, die Mysterien der Keithstraße wahrzunehmen. Mir fehlt sie wohl, weil ich zu erwachsen bin. Die Beobachtung von Botho Strauß, von Luc Bondy, die Enigmen schafft, statt sie zu lösen: sie hat etwas Kindliches. Kinder (Schrecken ihrer Eltern) bemerken und befragen alle bizarren Züge an Leuten, die wir aus Höflichkeit verschweigen oder aus Gewöhnung übersehen. »Mama, warum hat der Mann da ...« – wir kennen diese lieben, lauten Unschuldsfragen und die Peinlichkeit, die ihnen folgt.

Das »Warum?« verlangt allerdings, selbst beim inquisitorischsten Kind, nach keiner Antwort. Es markiert eine Überraschung: die, die unausgesetzt der physiognomischen Apperzeption entspringt. Unser Wissen an Physiognomie, diese riesige Reserve an Erfahrung, hilft uns immer dann am präzisesten und reichsten, wenn wir auf sein Staunen und Erschrecken achten, statt ihm Auskünfte und Definitionen abzufordern. Luc Bondy wie Botho Strauß haben sich die kindliche Gabe physiognomischer Verblüffung bewahrt. Jedesmal, wenn sie uns im *Gleichgewicht* mit irgendeiner so notwendigen wie unfaßlichen Handlung konfrontieren, fragen sie mit der ausgebufften Ahnungslosigkeit des Enfant terrible: »Warum lügt diese Frau ihrem Mann vor, daß sie ihn betrogen hat?« – »Warum schießt dieser Mann seiner Frau, die er liebhat, einen Pfeil in den Rücken?«

Das wissen selbst die Schauspieler nicht (ich habe sie befragt), die diese Aktionen mit einer betörenden Leichtigkeit und Gewißheit ausführen. Oder sie weigern sich, für den schalen Genuß einer Erklärung alle Wahrheit ihrer Beobachtung und Erfahrung einzutauschen, die ihnen sagen: »So ist es.« Aus solchem Sich-Weigern entstand (diesen Sommer in Salzburg) das am wenigsten plumpe und ideologische Mysterium, das ich je auf einer Bühne sah. Strauß' Stück und Bondys Inszenierung sind geistreich, allerdings im Doppelsinn: eine witzig scharfe Momentaufnahme unserer Gesellschaft – und ein völlig durchgeistertes Gefüge, segelnd über materiellen Kausalitäten, psychologischen Motivationen. (Sobald die Ketten von Gründen zu Folgen zerbrechen, hält sich die Zeit an kein Tempolimit mehr und ist keine Einbahnstraße; über die Zeit bei Strauß und Bondy wäre ein anderes

Mal zu reden.) Eben das »Unverständliche« bekam hier hellste Evidenz: wenn, nomina sunt omina, Jutta Lampe, Fritz Lichtenhahn dessen Hieroglyphen in die dämmrige Höhlung der Bühne einschrieben.

*

Nach der fast jüngsten Inszenierung Luc Bondys einige Worte über die ältesten, die ich sah, vor mehr als zwanzig Jahren: 1971 Genets *Zofen* in einer Altonaer Fabrikhalle, 1972 Ionescos *Stühle* im Studio des Stadttheaters Nürnberg. Die Avantgarde war damals schon systematisiert, zum Stil geworden – außer für diesen französischen Kaum-erst-Volljährigen aus der deutschen Schweiz. Machen wir uns nichts vor: Große Dramatiker sind oft Systematiker. Sie entdecken etwas Unbekanntes zwischen den Menschen oder im Tiefsten des Menschen; sie schaffen Formen, um ihren Fund uns vorzuzeigen; und schließlich erheben sie ihre eigensten Einsichten und Formen zu Theater-Dogmen.

Nicht nur Corneille und Racine unterwarfen ihre Erleuchtung den »Regeln«. Das Drama des 19. Jahrhunderts, in dem jede reine Formbestimmung von einer dichten Stoffkonkretion verdrängt scheint, kennt den gleichen Vorgang. Ibsen schreibt ebenso gekonnt »systematisch« wie besessen »realistisch«. Aber auch Brecht und Beckett: keine Replik, die nicht als »Stil« erkennbar wäre. Es heißt: »Der Stil ist der Mensch.« Wichtiger für uns: Der Stil, das sind die Regeln des Spiels, das ein Dramatiker erfand, die Gesetze seiner Welt. Genet und Ionesco schufen, so verschieden ihre Spiele und Regeln sind, besonders strikte Gesetze. Was mich 1971 mit Luc Bondys frühreifem, ewigkindlichem Theater überfiel, war ein Aufstand gegen die Gesetze, die sich die Dramatiker gaben, um sie jedem künftigen Regisseur und Zuschauer aufzuzwingen.

An Bondys Werk, das ich hier dankbar lobe, haftet ein Problem. Seine Inszenierungen von Marivaux befolgen keinen alten und entwerfen keinen neuen »style Marivaux« – ebensowenig wie er einst einen Genet- und Ionesco-Stil ersann oder nachmachte. Er arbeitete (offen oder hinterlistig) immer gegen die Stile: auch sie kamen ihm, bei all ihrem einheitsstiftenden, weltschöpferischen Glanz, im Grunde als mechanische Selbstwiederholungen, als falsche Treue zu sich selbst, als Routine vor. Ob wir diese seine Ansicht nun für klug oder blind halten: sobald ein Autor die machtvolle Maschine seines Systems in Gang setzt, sorgt Bondy dafür, daß das Räderwerk hakt und quietscht und die Maschine schließlich auseinanderfällt. Anders gesagt: Sobald sich einer der großen Meister zu ernst nimmt (Sich-ernst-Nehmen macht ja Beobachtung zum Dogma, Poesie zum Kalkül), knurrt ihm Bondy ins Ohr: »Laß deine Späßchen!« Die menschliche Haltung, die ihn am ernstlichsten ärgert (falls er sie nicht gerade komisch findet), ist der unbeugsame Ernst.

Früh und bewußt erlebte er die Katastrophen unserer Zeit. (Sein Großvater N. O. Scarpi kam aus dem jüdischen Prag, sein Vater François Bondy bot mit der Pariser Zeitschrift *Preuves* den großen Vertriebenen Milosz, Gombrowicz das erste, lange das einzige Forum.) Er merkte, daß die Urheber des Terrors Einzelne und Massen waren, die sich ernst nahmen – die alle Leichtigkeit, Freiheit des Spiels haßten und auszurotten suchten. Das politische »Engagement« im

Sinne der Jahre, in denen er zu denken, zu arbeiten begann, verwarf er – doch nicht, um sich allem Verpflichtenden zu entziehen. Er hatte seine Wahl getroffen: ein Kämpfer für das Spiel.

*

Luc Bondy störte also den Mechanismus Genets, Ionescos. Und plötzlich erschöpften sich die Figuren nicht mehr in ihren autorgewollten Funktionen. Ihre Vorhersehbarkeit (diesmal im Sinn des »Stils«) war ihnen abgenommen; und sie atmeten hörbar auf; sie lebten. Als ich vor 23 Jahren *Die Zofen* sah, fühlte ich mich irritiert, verzaubert von dieser Unordnung des Wahren. Ich versuchte nun, mir jede Inszenierung Bondys anzusehen – und weil ich gerade Intendant geworden war, ihm eine am Hamburger Schauspielhaus anzubieten.

Für sein Debüt im Großtheater einer Großstadt (im September 1974) verfielen wir auf ein »kleines« Stück: Horváths *Glaube, Liebe, Hoffnung*. Das war in der Zeit der Studentenunruhen, der linken Empörungs- und Theorieflut – auf dem Gipfel von Brechts Einfluß auf das westdeutsche Theater. Natürlich ließ sich Bondys Horváth nicht mit Brecht verwechseln. Ja, er stieß wohl auf Horváth, als er einen Brecht ohne System suchte: einen Dichter, der demaskierte, ohne das Gesicht unter der Maske im voraus zu kennen. Die Züge von Bondys Bühnenfiguren waren niemals die am Reißbrett der Revolte entworfenen von Nutznießern oder Opfern des Weltkapitalismus; es waren Gesichter der intim-unbekannten Nähe, aus unserer Welt.

Danach inszenierte er in Hamburg Ibsens *Gespen-*

ster. Seiner Version von Ibsen fehlte die Rationalität dieses allzu erfahrenen Dramentechnikers, dieses allzu untadeligen Anklägers der Lügen der Gesellschaft. Selbst bei ihm legte Bondy das Unvorhersehbare frei: gespürte, suggerierte Rätsel in den Beziehungen von Liebe, Furcht, Scham zwischen allen Figuren. Er erriet (oder erfand?) Geheimnisse sogar zwischen scheinbar glatt chargenhaften Charakteren: Den Bösewicht von einem Tischler band an seine ehrgeizige Tochter eine Sehnsucht nach Inzest; daraus entsprang ihr Willenskampf zwischen Befleckung und Verweigerung. Vielschichtiger noch gerieten die Hauptfiguren: Frau Alving und Pastor Manders.

Benjamin Henrichs schrieb: »Die beiden haben eine Liebesgeschichte hinter sich, die nie eine geworden ist: Als Frau Alving nach einem Jahr Ehe ihrem Mann, dem trunk- und weibersüchtigen Kammerherrn Alving, davongelaufen war, zu Manders fliehen wollte, da hat sie der fromme Mann wieder nach Hause geschickt – weniger aus Gottgefälligkeit, mehr aus Angst vor dem Gerede der Leute, am meisten vor seiner eigenen, ihm peinlich bewußten, ihn immer wieder in Panik versetzenden Sexualität. Hans Michael Rehberg und Doris Schade erzählen diese Vorgeschichte auch da noch mit, wo es zwischen ihnen scheinbar nur noch um profane Themen, um Finanzierungsprobleme, um Brandversicherungen geht: Da ist immer noch die alte Schüchternheit zwischen ihnen, das ewige Ungeschick – als sie zusammen die Papiere studieren wollen, vertauschen sie erst einmal ihre Lesebrillen.«

Diese wortlose Szene werde ich nie vergessen: Die beiden gescheiterten Liebhaber gestanden sich noch verschämt-gefaßt, mit tüteligem Charme ihr Alter ein, das sie zwang, die Brillen zu suchen. Dann aber ergab der sanfteste Witz, beiläufig über den sanftesten Witz gestülpt, eine Mikrokatastrophe unkontrollierbaren Versagens: die Verwechslung der Brillen. Schade und Rehberg machten daraus eine Clownsnummer: hart und grausam wie Chaplins Slapsticks, und voller Zärtlichkeit; vielleicht dreißig Sekunden. Alle Grausamkeit und Zärtlichkeit der Szene kamen aus dem Blick des Regisseurs (auf zwei große Schauspieler, auf die Beharrung der Liebe, auf die Übermacht des Verfalls); und die Bühne wurde zum reinen Spiegel, der uns Bondys Blick zurückwarf. Es war zum Lachen und Heulen. Für solche Augenblicke lohnt es sich, Theater zu spielen. War das Ibsen? War das Bondy? Eine dumme Frage.

*

Luc Bondy lehrt uns eine sonderbare Liebe zum Menschen: Er sieht in jedem normalen Geschöpf den Sonderling, das Original, den Freak. Aber verfügt der kleine Angestellte in *Die Zeit und das Zimmer* über eine eigene Freiheit, kann er wählen – was doch einzig die Extravaganz vom Tick, das Original vom Krüppel unterschiede? Bondy erwidert, diesmal mit zornigem Ernst: »Wer weiß es, und wer darf es sagen?« Wem steht es zu, die bewußte Entscheidung vom halbbewußten Zwang zu trennen, die Individualität von der Neurose? Überscharfe Beobachtung, verspielte Ironie werden hier abgelöst von Mitgefühl. Dessen Kunst-Ethik sprach Goya im Titel eines Blattes der *Desastres de la guerra* aus: »Yo lo vi«, »Ich habe das gesehen« – und ich bin nicht da, um Menschen von Unmenschen zu trennen, das Unedle dem Edlen zuliebe wegzuwischen. Ihr aber sollt sehen, was ich sah; und mit Mitleid und Furcht (ein gewisses Lachen nicht ausgeschlossen) die »condition humaine« bestehen.

Luc Bondy hat nicht den *Mohren von Venedig* inszeniert, sondern *Das Wintermärchen*. Er erzählte uns nicht die Geschichte vom edlen Helden der Eifersucht, Othello, sondern die vom elenden Narren der Eifersucht, Leontes. Vielleicht fordern Furcht und Mitleid, die aristotelischen Zuschauer-Gefühle, nicht mehr die Tragödie; vielleicht gelingt es der Tragikomödie besser, sie in uns aufzuspüren und mit heutiger Erfahrung zu füllen. Bondys Theater, das die falschen, theatralischen Aktionen von der Bühne jagt, will auch bei seinen Zuschauern keine falschen, theatralischen Reaktionen dulden. Seine Inszenierungen verlangen von uns das Entsetzen von heute, das Erbarmen von heute, oft ein Lachen von heute. Sie hindern uns, die Not ihrer Geschöpfe mit jenen falschen Münzen abzufinden, die wir für abendliche Ausflüge zu Kunst und Kultur einzustecken pflegen.

Bondys Geschöpfe sind auch dann unsresgleichen, wenn sie als König und Königin über ein fabelhaftes Sizilien herrschen. »Die Tragödie kann uns nur die Unbill fürchten lehren, die wir unsresgleichen zustoßen sehen ... Es trifft zwar zu, daß man meist nur Könige zu Protagonisten der Tragödie macht und daß die Zuschauer keine Szepter mitbringen, um sich ihnen und ihrem Unglück anzugleichen; doch diese Könige sind Menschen wie die Zuschauer, und sie fallen durch Leidenschaften, deren die Zuschauer fähig sind.« Das kommt von Corneille und ist noch wahr. Das Theater will, daß wir unser eigenes Glück und Unglück ganz einem fremden Glück und Unglück zuwenden. Luc Bondys Theater kennt nur diesen Pakt mit seinem Publikum. Es verlangt von uns, was es selber leistet: Zeitgenossenschaft mit den uns Fremden und Ähnlichen. Wir kennen nur sie, wir leben nur mit ihnen. Das Theater mag uns helfen, das zuzugeben.

IVAN NAGEL

MAN MUSS THEATER
IN DER SPRACHE MACHEN,
IN DER MAN TRÄUMT ...

GEORGES BANU: *Durch deine Herkunft, deine Ausbildung, deine Geschichte bist du zwischen zwei Kulturen zu Hause: Als Schweizer hast du in Frankreich studiert, als Regisseur hast du in Deutschland debütiert, und du setzt dich dem ständigen Wechsel der Sprachen aus. Welcher gibst du den Vorzug?*

LUC BONDY: Ich schlüpfe in die beiden Sprachen wie in die beiden Ärmel eines Sakkos, und dabei werfe ich einen raschen Blick nach hinten, um zu sehen, wie ich meinen Arm einführe. Diese Verzögerung entspricht meiner Beziehung zu den beiden Sprachen.

Der absolute Alptraum ist die wahre Geschichte von einem ungarischen Regisseur, der nach Hollywood emigriert, es nie schafft, Englisch zu lernen, und seine Muttersprache vergißt.

Von Polgar gibt es, bezogen auf die Figuren von Schnitzler, den schönen Satz: »Ihr Mund spricht Wahrheit, ihr Herz lügt.«

Also die Geschichte mit der Sprache hängt wesentlich vom Herzen ab ... sagen wir, von der Wahrheit dessen, was man mit ihr ausdrückt.

Ich habe wirklich keine Vorliebe mehr für die eine oder die andere. Alles hängt von den Stücken ab und speziell von den Schauspielern, mit denen ich arbeite. Ich kann die Sprache nicht mehr von den Gesichtern trennen.

Michel Piccoli, Libgart Schwarz, Gert Voss, Udo Samel und viele andere: in meinen Träumen vertausche ich ihre ursprünglichen Sprachen, und das sind keine Alpträume.

Natürlich hat die Sprache einen Einfluß auf das

Spiel des Schauspielers, und es ist ein Unterschied, ob einer Italiener, Engländer oder Schwede ist, ein »physischer« Unterschied, der sich in der Beziehung von Körper und Sprechen ausdrückt ...

Wenn ich auch die beiden Sprachen mag, das Deutsche und das Französische, und vielleicht eines Tages noch eine dritte, möchte ich doch, daß die Schauspieler in *ihrer* Sprache spielen ... es sei denn, es handelt sich um ein Theater, das gewöhnlich nicht gerade meines ist: eines der Geräusche, der Gesten, nicht der Worte ...

... ein vorwiegend physisches Theater, bei dem die Sprache mehr als Material dient und nicht als raffiniertes Werkzeug der Kommunikation.

In den sechziger Jahren, als man Artaud wiederentdeckte, gab es eine Neigung, die Sprache von der Bühne zu verbannen. Man hielt sie für einen zu psychologischen Vermittler und verdächtigte sie, das Theater in seinem rituellen Ursprung zu verharmlosen. Jetzt entdeckt man wieder die literarische, poetische, aber auch physische Qualität der Sprache. Ich betone »physisch«.

Theater ist ein lokales Phänomen. Ich glaube nicht an Schauspieler, die eine zweite Sprache lernen, um anderswo spielen zu können, in einer Sprache, die ihnen letztlich fremd bleibt. Sprache ist eine physische Erfahrung. Ein Schauspieler wird seine Emotion nie ganz in einer Sprache ausdrücken können, die nicht die seine ist. Man muß Theater in der Sprache machen, in der man träumt.

Es gibt andere Ebenen und Zugänge für den Schauspieler, der auf deutsch spielt oder auf französisch ...

Es sind zwei Arten von Musik, so verschieden wie die von Schönberg und von Verdi. Das hat mich verwirrt, als ich anfing, in Frankreich zu arbeiten. Ich hatte den Eindruck, das Deutsche sei dem Körper und der Seele des Schauspielers näher, das Französische durch seine Rhetorik dagegen etwas Äußerlicheres, eine bereits komponierte Musik. In Frankreich, fand ich, gab es kaum einen Unterschied, ob ein Schauspieler eine große dramatische Tirade von Racine sprach oder ob er sagte: »Geben Sie mir ein Glas Wasser!« Da steckte beide Male fast die gleiche stimmliche Energie drin.

Du ziehst es also vor, daß der Schauspieler in seiner eigenen Sprache spielt …

Ja, weil er so freier mit seinem Unbewußten arbeitet. Nur die Sprache der Kindheit kann frühe Erinnerungen wachrufen, Vergangenheit ins Spiel mit einbeziehen. Die Sprache bringt dem Schauspieler eine konkrete Dimension, sie betrifft das Ganze seines Wesens.

Es gibt Regisseure, die Schauspieler verschiedener Nationalitäten nebeneinander in ihren jeweiligen Sprachen agieren lassen, wie neulich Karin Beier im Sommernachtstraum *in Düsseldorf, wo so die Verwirrung zwischen den Geschlechtern und die Differenz von realer und übernatürlicher Welt konkret auf der Bühne übersetzt wurden.*

Ja, Strehler hat das auch gemacht. Mich hat so etwas noch nie interessiert. Um bei einem Paar die Unmöglichkeit der Verständigung auszudrücken, scheint es mir doch zu dürftig, den Mann und die Frau verschiedene Sprachen sprechen zu lassen. Bei einem stummen Stück hingegen, bei Handkes *Stunde da wir nichts voneinander wußten*, habe ich Schauspieler verschiedener Nationalität zusammengebracht. Ihre Verschiedenheit hat man im Schweigen gespürt, und das war toll.

*In der Beschränkung auf das Körperliche war es fast
schon Tanztheater, wo sich Rassen und Kulturen natürlicher und organischer mischen. Schauspiel hat jedoch mit
Sprache zu tun. Um beim gleichen Thema zu bleiben: Du
hast Marivaux nur auf deutsch und Schnitzler nur auf
französisch inszeniert, für Sacha Guitry, den du in
Deutschland gemacht hast, gilt dasselbe.*

Durch eine Übersetzung kann einem ein Text, bei
allen Verlusten, manchmal näherrücken. In Deutschland wirft das Theater von Schnitzler, speziell *Das
weite Land*, unheimliche Probleme auf. Auch wenn das
Stück in einer extrem gehobenen klassischen Sprache
geschrieben ist, ist sein Idiom ein österreichisches.
Für deutsche Schauspieler ist das sehr schwierig zu
spielen, ohne daß der Eindruck entsteht, sie parodier-
ten das Wienerische. Außerdem evoziert die Atmosphäre ein Milieu, das es im heutigen Deutschland
nicht gibt, während man in Frankreich, schien mir,
diese Atmosphäre und diese Bourgeoisie noch findet,
für die der Begriff »Ehebruch« nach wie vor aufregend ist.

Die Arbeit an Marivaux bleibt untrennbar mit meinen Kindheitserinnerungen verbunden. Ich habe ihn
immer gemocht, in Frankreich besteht allerdings
die Gefahr, daß die Sprache zu flüssig läuft und die
Schauspieler, weil sie auf keinen Widerstand treffen,
über die komplexen Beziehungen hinwegsprechen.
Da hatte ich mir überlegt, daß das Deutsche als
Bremse dienen könnte.

Guitry habe ich nicht inszeniert, um mich mit
Frankreich auseinanderzusetzen, sondern ganz einfach, weil ich gern das Genre wechsle. Ich finde, der
Autor ist in Frankreich zu sehr als Boulevardautor ab-
gestempelt, und natürlich ist er nach der Befreiung

ziemlich schlecht behandelt worden. In einem Stück wie *Der Illusionist* gelingen ihm schwarze, schwindelerregende Eheszenen wie bei Strindberg, dazu aber noch komische wie bei Lubitsch. Oft gelingt die Wiederentdeckung eines Textes oder eines Autors, indem man ihn in eine andere Umgebung versetzt.

In deinen Erzählungen beziehst du dich auf eine richtiggehende Theatertradition in deiner Familie. Was waren deine ersten Kontakte zum Theaterleben in Frankreich und welchen Einfluß hatten sie auf deinen Werdegang?

Meine Beziehungen zum Theater gehen auf meinen Urgroßvater Heinrich Teveles zurück, der das Deutsche Theater in Prag geleitet hat. Dort hat man Schnitzler gespielt. Kafka, der es nicht besonders mochte, erwähnt es in seinem Tagebuch.

Mein Großvater war übrigens Assistent von Max Reinhardt. Meine Mutter, ursprünglich aus Mannheim, wollte Tänzerin werden, wurde aber durch das heraufziehende Dritte Reich daran gehindert.

Mein Debüt habe ich in einem Internat in den östlichen Pyrenäen gegeben, wo ich im Alter zwischen zwölf und achtzehn war. Da habe ich in einer indischen Komödie von Tagore einen Sklaven gespielt, dessen einziger Satz »Appelez Boumboum!« war, mein erster Erfolg.

Danach war ich auf der Schule von Jacques Lecoq, und gleichzeitig belegte ich Kurse an der Internationalen Theateruniversität. Bei Lecoq war neben anderen Antoine Vitez, mit dem ich mich später ganz gut befreundete und dessen Tod mich sehr getroffen hat. Er war schnell, lebendig, so intelligent! Beim Inszenieren konnte ich ihn mir allerdings nicht vorstellen, seine Intelligenz schien mir zu abstrakt für das Theater. Lecoq selber brachte mir Dinge über den Körper und seine Beziehung zum Raum bei. Die Pantomime dagegen ... sie hat mich nie begeistert, ich ziehe das Greifbare der reinen Luft vor.

An der Internationalen Theateruniversität war die Atmosphäre besonders stimulierend, da trafen sich junge Leute von überall her, die wie ich nur wußten, daß sie etwas am Theater machen wollten, aber nicht, ob als Schauspieler, Autor oder Regisseur. Eine schreckliche Erinnerung habe ich an die Arbeit als Schauspieler bei Victor Garcia. Er ging so tyrannisch mit Schauspielern um, daß es ein Passionsweg war. Nach zwei Jahren hatte ich jedenfalls das Gefühl, daß man den Beruf anders lernen müsse. Ich war auf der Suche nach einer Tradition, und nur Deutschland mit seinen vielen Theatern und seinen festen Ensembles konnte die mir bieten. Heute ... würde ich es bestimmt anders machen, ich würde nicht mehr an die Institution gehen.

Ich ging also nach Hamburg ans Thalia-Theater. Die Proben langweilten mich, und ich war froh, wenn ich für den Regisseur, es war Gustav Manker, Kaffee und Schnaps holen konnte. Der brüllte die Schauspieler nur an: »Schneller, schneller! Ihr macht's ja soviel Pausen wie Löcher im Emmentaler!« Dieses Bürgerliche, Pompöse, Hierarchische der Arbeitsweise am Thalia-Theater ertrug ich schlecht. Ich machte lieber »einen drauf«, verbrachte die Zeit mit Mädchen und Freunden, trieb mich im Hafen herum und versackte dort schließlich. Ich fuhr in Erich Wonders schwarzem Citroën *on the road*, wir hörten Musik von Elton John und Cat Stevens und klapperten die deutschen Provinztheater ab, deren Bühnen klein wie eine Streichholzschachtel waren. Wir hatten 1970! Ich freute mich auf die Zukunft, ohne die geringste Ahnung zu haben, wie sie aussehen würde.

Deine deutschen Freunde erzählen, du hättest ihnen in deiner ersten Zeit in Deutschland mit philosophischen und soziologischen Büchern, die gerade in Paris herausgekommen waren, den Kopf vollgeredet ...

Ich war erst dreiundzwanzig und ziemlich mythomanisch. Ich habe geblufft und über Bücher geredet, die ich bestimmt nicht gelesen hatte, oder höchstens ein paar. Sicher, ich war vom französischen Denken beeinflußt, aber in meiner Familie gibt es ja die unterschiedlichsten Einflüsse: eine deutsch-jüdische Mutter mit flämischen Vorfahren, einen österreichisch-ungarischen Vater, der nach dem Krieg in Frankreich gelebt hat. Und ich: eine frühe Kindheit in der deutschen Schweiz! Aber zu Hause sprachen wir französisch. Ich komme also von überall und nirgends, ich bin wie die asiatischen Bäume, die tausend Wurzeln haben. Das sagt mein Vater gern!

Möchtest du über deinen Vater sprechen?

Über meinen Vater spreche ich jederzeit lieber als über mich. Ich komme ja aus einer Familie von Intellektuellen, in der man ständig über Bücher sprach und mit ihnen umging. Es war das Allernatürlichste, das Zentrum unseres Lebens. Ich bin in einer Welt von Büchern geboren. Doch bis zum Alter von zwölf Jahren habe ich kein einziges Buch angerührt, zur großen Verzweiflung meines Vaters, der sagte: »Er liest nichts.« Mein Freund Dieter Sturm, der Stunden und Tage mit Lesen verbringt, geradezu der Archetyp des Lesers, hat mir erzählt, sein Vater hätte im selben Alter ebenso verzweifelt gesagt: »Er liest.« Von einem bestimmten Moment an hat mich dann plötzlich die Lesesucht gepackt.

Wie oft sieht man dich, selten bei einem Theatermenschen, in einer Buchhandlung schmökern oder in einem Café lesen! Wie oft haben wir uns in einer Buchhandlung getrennt! Meist bemerke ich, daß du ein Buch bei dir hast, als könntest du jederzeit anfangen.

Man muß die Bücher in sich eindringen lassen. Lesen und leben ist das gleiche, ich mache da keinen Unterschied. Manche Texte produzieren Schocks, die so heftig sind wie die entscheidendsten Ereignisse in einem Leben. Sie dringen ebenso ins Unbewußte. Was erlebt man denn schon? Im Vergleich zur Erfahrung, die Bücher einem guten Leser verschaffen, erlebt man sehr wenig.

Du hast mir einmal gesagt, du machst keine wirkliche dramaturgische Vorarbeit für ein Stück, sondern hast das Glück, wie ein Liebender die Bücher anzuziehen, die dir nützen. Das setzt die Existenz einer Art von Speicher voraus, der aktiviert wird und Signale aussendet, die du bei der Arbeit an einem bestimmten Stück nur aufzunehmen brauchst.

Es stimmt, wenn man ein Stück macht, setzt man alles drum herum, alles, was man erlebt oder liest, bewußt oder unbewußt zu dem Projekt in Beziehung. Es passiert mir, daß ich ein Buch lese, einen amerikanischen Roman zum Beispiel, und auf überraschende Weise erhellt er eine Ecke des Stücks. Das ist normal, Schauspieler arbeiten oft auch so. In einem Roman, den ich zufällig lese, finde ich oft mehr Anregungen als in einem Spezialwerk, das sich direkt mit dem Stück und seiner Geschichte befaßt.

Das war bei Der Herr von Ballantrae *von Stevenson der Fall, als du* John Gabriel Borkman *vorbereitet hast ...*

Ja, ich fand in dem Buch eine Atmosphäre, die

mich beeinflußt hat. Das Haus mit den beiden Brüdern, der eine freundlich, schwach, der andere die Verkörperung des Bösen ... Das Alptraumhafte von Stevenson, angewandt auf den Psychologen Ibsen, das war gut für das Stück. Ich kann und will das aber nicht zum Prinzip erklären, das bekäme etwas zu Systematisches, Vorausbestimmtes. Jedes Projekt hat seine eigene geheime Alchimie. Trotzdem, ich merke an mir das Bedürfnis, zu jeder Inszenierung etwas zu finden, das als Auslöser dient, ein Buch, einen Film. Als ich zum Beispiel Guitry inszenierte, war ich fasziniert von den Lubitsch-Filmen. Vor allem einen habe ich mir angesehen, *That Uncertain Feeling*, wo die Heldin zum Psychiater geht, weil sie Schluckauf hat. Sie sagt zu ihm: »*When I come it goes and when I go it comes.*« Und der Doktor fragt: »*When does it come and when does it go?*« Schließlich gelingt es ihr, ihm ihren Fall zu erklären: Ihr Ehemann schläft nachts, während sie schlaflos liegt; man sieht eine Einstellung auf ein Körbchen, in dem ein Pekinese schläft. Die Frau liegt wach, neben ihr schnarcht der Mann in seinen Kissen. Die Frau beugt sich zu ihm und bellt ihm in die Ohren: »Wau!« Worauf der Mann erwacht und das Hundekörbchen friedlich aus dem Zimmer trägt ... Wenn ich arbeite, muß ich an bestimmte Schriftsteller oder Filmregisseure denken. Ich gehe auf Abenteuer, und unterwegs erkenne ich Verbündete oder entdecke Partner.

Aus der speziellen Beziehung zu Büchern kommt bei dir die Aufmerksamkeit, die du dem Schreiben schenkst.

Beim Schreiben denkt man. Am Theater, weil es da verschiedene Sender gibt, denkt man nicht viel. Das Theater beruht auf der Kommunikation, die das Gegenteil von wirklichem Denken ist. Im Gespräch versucht man das, was schon da ist, zu verwandeln, während Denken etwas ist, was nicht übertragen, sondern konstruiert wird. Cioran, dein Freund, war ein Einsiedler, und sein Denken konnte nur in der Selbstreflexion wachsen. Cioran kann man sich nicht mit einem Mitarbeiter vorstellen. Auch Peter Handke nicht... Ihre innere Vision braucht Einsamkeit, um allmählich Gestalt anzunehmen. Theater ist das genaue Gegenteil. Trotzdem kann man versuchen, Theater zu machen mit einem Bedürfnis, das dem Bedürfnis des Schriftstellers verwandt ist. Es geht ja auch darum, in eine Welt einzutauchen, allerdings eine, die bereits existiert. Davon ausgehend entsteht dann etwas Neues.

Die ausgiebigen Gespräche und Diskussionen auf Proben lassen darauf schließen, daß das Theaterdenken sich mehr beim Reden entwickelt, ein Beziehungsdenken ist.

Leider, dieses Denken bleibt meist ein horizontales, statt ein vertikales zu werden. Das vertikale Denken entsteht aus sich selber, es existiert und hat mehr Gewicht, weil es das Für und Wider aus sich selber entwickelt hat. Es ist ein Denken, das durchgearbeitet ist, sich in Frage gestellt hat, während ein Denken, das sich im Gespräch entwickelt, im Mündlichen, von der Zeit schneller gelöscht wird. Es hat nicht die nötige Kraft, an einem genau definierten Platz zu bleiben. Das vertikale Denken, das der großen Werke, ist ein Denken, das den Boden markiert, das Kerben schlägt. Das andere ist dagegen ein flüchtiges Denken, ohne Spuren, ein horizontales Denken, wie gesagt. Und das im vollen Bewußtsein, daß Kleist das genaue Gegenteil behauptet: Die Gedanken verfertigen sich beim Reden.

Bist du ein Leser von Theaterstücken?

Nein. Ich schaffe es nicht. Ein Stück zu lesen ist ein Alptraum. Man versteht nichts. Ich weiß nie, wer was sagt. Ich muß es immer nochmal lesen, und dann verstehe ich noch weniger. Während ich es bei Dostojewski, obwohl es da eine Unmenge Figuren gibt, schaffe, mich zu erinnern. Bei Stücken, wenn ich zum ersten Mal an sie herangehe, habe ich ein Problem.

Stücke sind Texte, dazu da, nach einer Aufführung gelesen zu werden. Beim Lesen kann ich die Intuition haben, es ist ein guter Text, ohne sagen zu können, warum. Wenn ich ein Stück fertiggelesen habe, habe ich nicht den Eindruck, ich hätte es verstanden, ich verstehe es ehrlich gesagt nur, wenn ich es inszeniere.

Empfindest du dieselben Schwierigkeiten, wenn du eine Oper hörst?

Nein, bei Musik ist es anders. Ich lese das Libretto und höre gleichzeitig die Musik, denn vor allem bei Mozart (weniger bei Verdi) entsteht eine Spannung zwischen der Musik und dem, was da Ponte die Figuren sagen läßt. Das können Sätze von äußerster Traurigkeit sein, oder es ist der gefühlvollste Moment im Text, während die Musik das Gegenteil oder etwas anderes ausdrückt. Musik ist ein Beispiel für die Kontrastbeziehung, die man im Theater zwischen Text und Inszenierung herstellen kann.

Niemand steht allein da in der Kunst. Jeder Regisseur definiert sich in bezug auf bestimmte Methoden und bestimmte Regisseure, während er gegenüber anderen völlig gleichgültig bleibt. Welches sind deine Bezüge?

Als ich anfing, gab es Regisseure und Inszenierungen, die mich beeindruckt hatten, aber ich wollte nie inszenieren *wie* ... Ich dachte, die beste Lösung ist, ich verhalte mich wie ein Schauspieler, das heißt ich lasse mich treiben, ohne mich in bezug auf jemand anderen definieren zu wollen. Übrigens kommt man manchmal bei der Inszenierung eines anderen nicht daran vorbei zu sagen: »Sieh mal an, genial, wie ihm die Szene gelungen ist!« Bezüge sind nützlich, soweit sie dich stimulieren. Um ehrlich zu sein, höre ich mir oft lieber Beschreibungen alter Inszenierungen an, als neue zu sehen. Das hält eine Vorstellung von Theater lebendig, die es nicht mehr gibt und von der ich mich nicht abschneiden will. Auf diese Art sind mir Inszenierungen von Jürgen Fehling oder von Kortner gegenwärtig, obwohl ich von Kortner nur eine einzige Aufführung gesehen habe, *Clavigo*. Ich stelle mir gerne vor, wie er eine Szene gelöst hätte, von den Beschreibungen her denke ich mir eine Art Phantombild aus. Das hilft mir sehr. Ich höre mir auch gerne an, von welchem Gesichtspunkt ein »Kollege« ein Stück oder eine bestimmte Szene angeht. Das geschieht leider viel zu selten, denn (vor allem in Frankreich) hält sich jeder für einen einzigartigen Schöpfer, dabei käme es in dem Beruf darauf an, unsere Ideen auszutauschen. Allein schon um der Gesundheit und der Existenz dieser Kunst, um ihrer möglichen Objektivität willen. Dieser Wunsch entsteht bei mir daraus, daß ich wesentlich Eklektiker bin. Ich habe ebenso viele lebende wie tote, vorgestellte wie reale Künstler als Vorbild. Ich mochte die ersten Inszenierungen von Lavelli wegen ihres großartigen Rhythmus. Ebenfalls aus musikalischen Gründen war ich später von Strehlers Inszenierungen hingerissen, vor allem von *Le Baruffe Chiozzotte*, wo ein Gewitter einen fürchterlichen Streit auf der Piazza ankündigt. Ich mochte die brutale Poesie und die visuelle Phantasie von Chéreau. Meine Arbeit wäre nicht denkbar ohne all das. Auch Stein: die Methode, die Pädagogik, der einzige große

Philosoph des Theaters ... doch auch so ein eklektischer Schöpfer wie Zadek. Man kann alles oder nichts von ihm lernen, er ist der Formalist im Kampf gegen die Form, der weiseste Nonkonformist von allen ... Nur das Licht, das er im Saal immer anläßt, was für eine Idee!

Lebst du in der Theaterwelt? Welches sind außerhalb der Proben deine Freunde?

Meine Freunde sind vor allem Schriftsteller, Botho Strauß oder Peter Handke. In Paris sehe ich Peter Handke, in Deutschland Botho Strauß. In Paris treffe ich gerne einen anderen befreundeten Schriftsteller, Peter Stephan Jungk, oder Maler, die Kontakt zum Theater haben und mit denen ich arbeite, Gilles Aillaud, Richard Peduzzi. Ich suche Freunde, die einen distanzierten Blick auf das Theater haben, mit denen ich gerne während der Arbeit rede. Sie kommen auf eine Probe, und dann treffen wir uns, wie das bei Botho Strauß der Fall war, als ich *Borkman* geprobt habe. Einen Dramaturgen ertrage ich nicht ständig neben mir, der wird dann zum Staatsanwalt, der mich erstickt. Er nützt mir, wenn er gelegentlich da ist, aber nicht ständig. Natürlich treffe ich gerne Schauspieler wie Michel Piccoli oder Bulle Ogier, aber die sind irgendwie besonders. Ehrlich gesagt sehe ich nur Leute, die ich Lust habe zu sehen, und das sind selten Leute vom Theater. Ich fühle mich unwohl mit ihnen, vor allem zu mehreren in einem Café oder einem Restaurant.

Das bewahrt dich vor einer allzu starken Fixierung auf das Theater. Du hast den Hang, von den anderen Künsten zu »probieren«, vor allem von der Literatur, wie es der Amateur tut, eine Kategorie, die heute zu Unrecht abgewertet ist.

Das gibt eine große Freiheit und erhält den Spaß am Spielen. Das brauche ich. Ich würde darauf bestehen, ein Dilettant zu sein, nicht im Handwerklichen am Theater, aber außerhalb. So halte ich mich offen für Einflüsse, und so »entverantworte« ich mich. Verantwortung ist notwendig, aber man muß dazu berufen sein wie Stein. Der hat sich der titanischen Aufgabe unterzogen, eine geniale Theatermaschine zu schaffen wie die Schaubühne, die es dann Leuten wie mir erlaubt hat zu arbeiten. Das ist sicher ernsthafter als mein Dilettantismus, doch letztlich muß Theater ein Beruf bleiben, in dem man spielt.

Ich suche überall Spuren von Theater. Wenn man sich alte Filme anschaut, sieht man, wie sehr Lenin seine Auftritte inszeniert hat. Hitler auch. Die Nationalversammlung ist oft ein Theater, ein manchmal besonders lebhaftes. Es kann sehr aufregend sein, Theater auf Gebieten aufzuspüren, die gewöhnlich als völlig theaterfremd gelten. Übrigens, ich suche diese subtilsten Spurenelemente im Leben nicht, um sie zu »denunzieren«, sondern um sie als notwendigen Bestandteil sozialen Verhaltens zu erfassen.

Welches Verhältnis hast du zu den außereuropäischen Kulturen? Peter Brook, als er die Royal Shakespeare Company verließ, um in Paris das Centre International de Recherches Théâtrales aufzubauen, hat mit seiner Truppe eine Reihe von Reisen unternommen, von denen sich die nach Afrika als die fruchtbarste erwies. Du bist auch nach Afrika gereist, als Peter Stein zur Vorbereitung von Les Nègres *dort war, und es scheint, du hast dich besonders wohl gefühlt.*

Ja, aber als Reisender, nicht als Regisseur. Ich möchte gern nochmal nach Afrika, auch nach China oder anderswohin, das bringt mir aber nichts für mein

Theater als Europäer. Ich würde mir nie, wie ein bekannter Forscher, die Psychoanalyse der Dogons vornehmen. Ich kann sie mögen, aber sie bleiben mir fremd. Ich bin ein jüdischer Vertreter der Kultur Mitteleuropas in diesem Jahrhundert, und das genügt mir. Diese Kultur nährt mich.

Du kommst oft auf dein Jüdischsein. Worin besteht es für dich? Und vor allem: Wie berührt es dein Theater? Ich frage dich das, weil du dich, ironisch oder ernst, ständig darauf beziehst.

Als Kind habe ich einmal gesagt: »Papa sieht jüdisch aus, ich noch nicht, aber wenn ich älter werde, seh' ich noch jüdischer aus als er.« Das muß mich beschäftigt haben. Es gibt sicher das Jüdischsein im religiösen Sinn, mit Bräuchen und strengen Geboten, aber es gibt auch ein neues Jüdischsein, das Jüdischsein nach Auschwitz, auf das ich mich beziehe. Es ist wie eine Krankheit, die man nicht loswerden kann, seitdem sie Europa erfaßt hat. Ich bin gläubig, ja, und ich sehe nicht, warum ich es verstecken sollte. Ich bin nicht religiös erzogen, in meiner Familie ist das Judentum nicht als Religion praktiziert worden. Trotz allem glaube ich an etwas. Ich habe nie glauben können, daß Gott nicht existiert. Für mich versteht sich das von selber. Die Idee der Erlösung ist tief in mir drin. Ich bin unfähig, sie zu analysieren, aber ich weiß, daß sie da ist. Bestimmte schreckliche Momente in meinem Leben, durch die ich hindurchgegangen bin, haben das Gefühl noch verstärkt. Ich bin nicht Pessimist, ich bin Skeptiker.

Ivan Nagel hat gesagt, du gehst mit weit offenen Augen durchs Leben. Kurz, du beobachtest ständig. Liefert dir das auch Material für deine Aufführungen?

Ich habe die Leute immer beobachtet und mir

immer gern vorgestellt, was sie wirklich denken, wenn sie reden. Ich bin überzeugt, wenn jemand spricht, ist höchstens die Hälfte von dem, was er sagt, wahr. Wenn jemand zu mir sagt: »Ich habe deine Inszenierung nicht besonders gemocht«, dann bin ich sicher, er hat sie verabscheut. Heute weiß ich, man muß immer die Gedanken des anderen verlängern, um zu wissen, was kommt. Die großen Autoren erlauben uns das, sie lassen Spielraum, damit ein Umschlagen der Situation ständig möglich bleibt. Ein Stück, ein gutes, ist wie die Augen von jemandem, den man beobachtet, während er redet, um auf die Gedanken zu kommen, die er nicht ausspricht. Ich selber mache es oft so, warum sollten es die anderen anders machen? Das Leben hat mir beigebracht zu spüren, was zwischen zwei Personen los ist, die sich anscheinend verstehen und dann in einer einzigen Sekunde allen Haß herauslassen, der in ihnen ist. Theater kann das sichtbar machen, und dabei geht es nicht um Psychologie, sondern eher um das, was ich Morphologie der Seele nennen möchte. Das ist der Ausgangspunkt, den ich mit den Schauspielern, die diese Komplizenschaft akzeptieren, teile. Ihnen gegenüber, darauf lege ich Wert, verhalte ich mich nie wie ein Voyeur, im Leben dagegen verbiete ich mir solche Indiskretionen nie. Sie schüren eine bestimmt Neugier auf die Menschen, die ich dann auf die Bühne bringe.

Wenn ich auf der anderen Straßenseite eine wunderschöne Frau sehe, fühle ich mich von ihr angezogen, doch wir sind getrennt. Diese Distanz regt meine Phantasie an. Wenn ich sie dann sprechen höre, wenn ich ihre Stimme höre, verändert sich die Distanz. Soll ich mir diese Wahrnehmungen vom Leib halten oder soll ich sie in mein Leben, in das Theater, das ich mache, integrieren? Die Frau, die ich auf der anderen Straßenseite sehe, ist kein Teil meines Lebens, und gleichzeitig möchte ich diese Grenze überwinden. Ich möchte lieben, was ich nicht lieben kann ... Das ist einer der Gründe, weswegen ich immer mit offenen Augen herumgehe.

Es gibt Regisseure, die versichern stolz, sie könnten alles inszenieren, zu denen gehörst du nicht. Wenn man dein Repertoire anschaut, stellt man eine außergewöhnliche Vielfalt, aber auch bestimmte Leerstellen fest. Jeder definiert sich auch, um Grotowski zu paraphrasieren, via negativa. Welches sind die Autoren, die du nicht inszenieren möchtest?

Brecht zuerst. Wedekind. Die Griechen. Ich habe einmal überlegt, *Die Trachinerinnen* zu inszenieren, die ich wunderbar finde, doch ich schaffe es nicht, Herakles eine halbe Stunde lang sterben zu lassen. Wenn ich Euripides inszenieren würde, es endete mit Sicherheit in der Parodie. Einmal habe ich den *Menschenfeind* gemacht und bin kläglich gescheitert. In diesem Molière-Korsett habe ich mich eingeschnürt gefühlt, ich habe keine Luft gekriegt. Sein Universum besteht aus Charakteren, aus Fällen: der Geizige, der Dummkopf, der Hypochonder. Man weiß, sie bleiben, wie sie sind, ohne Chance der Heilung. Sie werden von den anderen an der Nase herumgeführt, und nur deshalb finden die Stücke einen Schluß. Ich mag den Gedanken der Verwandlung mehr als den der Bestrafung ... Die Wiederauferstehung von Hermione im *Wintermärchen*.

Ich mag die zu offensichtlich poetischen Texte nicht. Dabei muß ich daran denken, was Gombrowicz zum Exzeß in der Poesie gesagt hat: Er ist wie eine Tasse Kaffee, in der nur Zucker ist und kein Kaffee.

Solche Texte sind als »schöne Stellen« geschrieben, dabei ist doch gerade produktiv, was zusammengewürfelt ist oder auch ungeschickt wie eine Kinderzeichnung.

Und Shakespeare ...

Es ist schwierig, sich ihm zu nähern, denn in seinen Stücken ist man nicht mit einer genauen, abgeschlossenen Form konfrontiert. Sie sind explosiv, sie haben Höhen und Tiefen. Man kann aus Shakespeare nicht eine perfekte, allzu kontrollierte Veranstaltung machen. Ich glaube, es ist ein Irrtum, zu versuchen, alles auf die Reihe zu bringen, und die Inszenierungen, die zu sehr glänzen wollen, betrügen nur. Wenn Shakespeare spektakulär wird, läßt man das Wesentliche aus. Man muß den Mut haben, ihn im Rohzustand zu belassen oder sich auf einen einzigen Aspekt zu konzentrieren, zum Beispiel auf das Verhältnis von Narr und König in *Lear.* Einen Teil kann man inszenieren, eine kurze Beleuchtung. Ich erinnere mich, wie mir Ivan Nagel, nachdem er meine *Macbeth*-Inszenierung gesehen hatte, sagte, ich hätte nur den Teil bis zum Mord machen dürfen, der mich offensichtlich interessierte. Er hatte recht. Die Leute hätten den Rest für sich lesen können ...

In Shakespeare ist alles. Manchmal denke ich, man sollte entweder nichts von ihm inszenieren oder alles.

Bevor du angefangen hast, dich auf Texte vom Ende des 19. und von der ersten Hälfte des 20. Jahrhunderts zu konzentrieren, hast du zeitgenössische Texte erarbeitet. Du warst einer der seltenen Regisseure, die einen beträchtlichen Teil ihrer Arbeit den Avantgardeautoren gewidmet haben.

Eines der ersten Stücke, die ich inszeniert habe, war *Die Stühle.* Es war absurd und surrealistisch, es in Nürnberg zu machen, der größten Nazistadt, die man sich vorstellen kann. Ich fing an, arbeitete tagsüber, und abends hielt ich in einem Café Pressekonferenzen und kündigte den Journalisten meine künftigen Projekte an.

Und Beckett ...

Ich habe *Glückliche Tage* inszeniert, eines der schönsten Stücke der Welt. Eines der musikalischsten. Ein außergewöhnliches Werk über die Existenz, Shakespeares würdig. Ich mag diese Bewegung vom ersten Teil, der nur ein Rest ist, zum zweiten, der nur eine Ruine dessen ist, was war. Ich habe es zweimal mit Christa Berndl inszeniert. Ich erinnere mich, ich habe verlangt, daß man mir ebenfalls einen Hügel baut, von dem aus ich Anweisungen geben konnte, ohne daß ich den Platz zu verlassen brauchte. Es war wie ein Spiegel.

Du hast dich von diesem Repertoire entfernt, es ist völlig aus deinem Arbeitsfeld verschwunden. Sind diese Autoren für dich vorbei?

Ich lese sie zur Zeit nicht. Ich lese sie weniger. Dinge, die uns im Moment, wo man diese Texte entdeckte, bestürzt haben, haben ziemlich rasch Eingang ins zeitgenössische Schreiben gefunden. Ionesco war ein Visionär. Sein Theater wird bleiben, doch heute muß man noch ein bißchen abwarten, bis man ihn wieder inszeniert ... Botho Strauß, der ein extrem klarsichtiger Mensch ist, hat oft zu mir gesagt: »Theater ist schnell überholt.«

Wir, die Regisseure, wir haben Vertrauen in die ferne Vergangenheit, nicht in die gestrige. Das ist ein wenig unsere Schwäche, aber man muß erkennen, daß nicht die entfernte Vergangenheit das Problem ist, sondern die nahe. Man darf das Rückschrittliche nicht mit dem Überholten verwechseln. Die Grenze existiert, obgleich sie schwer zu ziehen ist. Kürzlich hat man mich angeregt, *Le roi s'amuse* zu lesen. Manchmal finde ich eine Idee von Victor Hugo wunderbar, aber die Form und die Sprache empfinde ich dann als total altmodisch. Es hat ein unerträgliches Pathos, obwohl Hugo sich vornimmt, was Gombrowicz später auch interessieren wird: die Häßlichkeit. Mit Strindberg ist es gleich. In Stücken wie *Nach Damaskus* oder *Traumspiel* macht er das Theater selber zum Thema, was ich von ihm erwarte, doch wenn ich dann den Text aufschlage und auf eine Replik von Indras Tochter stoße, halte ich es keine fünf Minuten durch. Ich brauche heute eine andere Sprache.

Warum geht dieses Überholtsein so schnell am Theater? Ist das eine Erscheinung des 20. Jahrhunderts? Als junger Student konnte ich Pirandello nicht mehr ertragen, dessen Ziele und Schreibstrategien mir zu offensichtlich schienen. Ich sah darin nur einen schriftstellerischen Geistesblitz, der, einmal entziffert, dem Werk schließlich jedes Geheimnis raubte. Heute haben mich ein paar große Aufführungen mit Pirandello versöhnt, als ob die Regisseure das erste Stadium übersprungen hätten, das zu sehr von der Gebrauchsanweisung, die der Autor dem Text beigegeben hat, bestimmt war.

Die Stücke von Ionesco oder Beckett haben das Theater beeinflußt und eine Befreiung bewirkt, deren Erben wir sind. Heutige Texte haben diese Entdeckungen in sich aufgenommen und sie, indem sie sich ihrer bedienten, schließlich entwertet. Die Freiheit des sogenannten absurden Theaters ist sogar in die Literaturwissenschaft eingegangen, Jan Kott konnte Shakespeare im Rückgriff auf Beckett interpretieren. Auch in die Regie ist sie eingegangen und hat sich so schließlich abgenutzt. Das Resultat ist pervers: Wenn man zum Originaltext zurückkehrt, erscheint der uns heute zu explizit, Beckett wirkt zu »beckettsch« und Ionesco zu »ionescosch« ... Man zieht es vor, den Bezug zu dieser Literatur über den Umweg einer anderen zu suchen, in seiner Originalgestalt erscheint sie uns wie allzusehr ihrer Entstehungszeit verhaftet.

Du hast trotzdem ständige Beziehungen zu Gombrowicz aufrechterhalten, hast Yvonne inszeniert ...

Das ist ein wesentliches Stück. Ich war erstaunt, Bergman sagen zu hören, seine letzte Inszenierung würde *Yvonne.* Er, der nur Filme und Stücke mit schönen Frauen gemacht hat, will mit der Häßlichkeit enden ...

... und mit der Stummheit, denn gewöhnlich sprechen Frauen viel bei ihm.

Das Hauptproblem ist, daß Yvonne häßlich ist und daß ihre Häßlichkeit eine umgekehrte Erotik hervorruft.

Du beziehst dich oft auf Gombrowicz.

Er hat mich sehr beeinflußt, und als ich ihn entdeckte, hat er mich völlig aus dem Gleichgewicht gebracht. Es war wie ein Einsturz meines Universums: Gombrowicz erklärte das Lächerliche zum Wert, er führte es zeremoniell in die Welt der großen Werte ein. Mit ihm hörte man auf, die Welt nur von oben zu betrachten, man betrachtete sie auch von unten. Das Denken von Gombrowicz ist meiner Meinung nach das verstörendste der zweiten Hälfte unseres Jahrhunderts. Ja, es ist ein provozierendes Denken, aber aus sich selber heraus, nicht durch den Rückgriff auf eine Ideologie. Als ich *Ferdydurke* las, bin ich gestorben vor Lachen, und gleichzeitig habe ich begriffen, daß es sich um den Theaterroman schlechthin handelt.

Du schaust viele Filme an, vor allem bei dir zu Hause, und unter den Regisseuren, auf die du dich am meisten beziehst, Wilder, Lubitsch, Renoir, nimmt auch Ophüls einen wichtigen Platz ein.

Hätte ich in den dreißiger Jahren gelebt, wäre ich bestimmt nach Hollywood emigriert und hätte versucht, komische, elegante Filme à la Lubitsch oder Wilder zu machen. Doch Scherz beiseite, es stimmt, daß Ophüls einer der Filmregisseure ist, die mir am besten gefallen. Ich mag seine Themen sehr. Er hat Leichtigkeit und fasziniert durch eine besonders raffinierte Kameraführung. Er betrachtet die Dinge, die Menschen mit Genauigkeit, er kann mit der Kamera erzählen. Heute ist diese naive, theaterhafte Art verschwunden. Als Abschluß seiner Karriere hat er in Hamburg *Die Hochzeit des Figaro* inszeniert. Am Theater hat er angefangen, am Theater hat er aufgehört, und eigentlich hat er es auch als Filmemacher nie verlassen. Seine Kamera begleitet die Schauspieler, verschafft ein Gefühl der Illusion und folgt doch der Geschichte. Bei Ophüls gibt es Humor und Naivität, echte Naivität. In *La Tendre Ennemie* zum Beispiel schauen zwei Männer, die tot sind, der Hochzeit der Tochter des einen zu, der dem anderen vor langer Zeit die Frau ausgespannt hat ... und obgleich Feinde im Leben, werden sie nach dem Tod Freunde. Sie sind weißlich-durchsichtig, und Leute gehen durch sie hindurch, weil sie unsichtbar sind. »So übergangen zu werden tut weh«, sagen sie. Das ist so zart und so tief!

Du hast mir einmal einen anderen Film von Ophüls gezeigt, Le Plaisir, *der dich berührt hatte, die Geschichte eines alten Mannes, der als junger maskiert auf einen Ball geht. Nach einem wilden Tanz bricht er zusammen, und man bringt ihn in seine Dachkammer, wo seine Frau nicht überrascht ist von dem Unfall, er betreibe das schon lange so, erklärt sie. Das Motiv ist faustisch, aber es ist leicht und rasch behandelt, überhaupt nicht forciert.*

Ich denke viel mehr ans Alter und ans Altwerden als an den Tod. Durch die Eltern hat man es ständig vor Augen, und man akzeptiert es nicht als normal. Die Aussicht zu altern erscheint mir monströs, denn mit dem Alter kommt ja nicht nur die Weisheit, wie man illusorischerweise denkt, sondern auch ein Schwinden der Fähigkeiten. In dem Film will einer nicht alt werden, setzt die Maske eines Jungen auf, geht auf den Ball, hat einen Anfall, man bringt ihn heim, der Ball geht weiter, und er muß, ohne daß er stirbt, zu Hause bleiben. Er zahlt. Doch in Wirklichkeit ist er gar nicht alt, denn das wirkliche Alter ist der Tod des Begehrens. Ich sage dir, das ist schlimmer als der Tod.

Du warst mehrmals schwer krank, du hast oft darüber gesprochen. Ich möchte dir dazu einen schönen Satz von Pascal zitieren, der auch als Frage dienen kann: »Man muß lernen, von der Krankheit den richtigen Gebrauch zu machen.«

Wenn man krank ist, hat man eine Identität: die Krankheit. Deshalb mag man sie schließlich, obwohl man sie bekämpfen müßte. Gombrowicz hat die Krankheit als eine zweite Natur betrachtet, und Botho Strauß hat zu meinem Fall gesagt, ich sei krank, um mich zu schützen. Es stimmt, Krankheit bietet einen Schutz, vor allem, wenn man sie öfter hat. Die Krankheit war für mich produktiv, eine Art fruchtbarer Widerstand, aber ich gefiel mir nicht in der Rolle des Kranken. Als ich das zweite Mal Krebs hatte, fühlte ich mich sogar erniedrigt, nicht wie der eingebildete Kranke, der durch die Ärzte erniedrigt war, sondern weil ich diese Schläuche an mir hatte und mit allen möglichen Instrumenten hinter mir durch die Spitalgänge ging. Ich hatte das Gefühl, angekettet zu sein.

Durch die Krankheit bekam ich das Bewußtsein des Physischen, dem man sonst ja keine besondere Aufmerksamkeit schenkt. Den Körper vergißt man gewöhnlich, vor allem wenn man eine geistige Arbeit macht, doch wenn man krank ist, nimmt man ihn wie eine zweite Natur wahr, die man nicht mehr ignorieren kann.

Ich habe auch begriffen, daß einen Krankheit schließlich regredieren lassen kann. Man wird gegen seinen Willen kindisch, man genießt diese Regression sogar. Wenn man lebt und aktiv ist, bewegt man sich auf das Alter zu, wenn man im Bett bleibt, regrediert man und wird zum Baby.

Es gibt ein Stück, das ich machen möchte, weil ich gut kenne, worum es geht: *Der eingebildete Kranke*. Mein Traum wäre, mit einem Sarg auf der leeren Bühne zu beginnen. Man hört Schläge, und die Leute drum herum schauen sich in Panik an: »Es klopft!« Sie verstehen, daß die Schläge aus dem Sarg kommen, und beim Nähergehen hören sie, wie der Kranke sagt: »Ich bin's.« Sie müssen aufmachen, und so fängt die Aufführung gleich mit dem Kranken im Sarg an. Das würde mir gefallen, die Krankheit auf komische Art zu behandeln.

Als ich das erste Mal Krebs hatte, habe ich in Hamburg *Gespenster* gemacht, das war das Richtige, weil sich alles um Krankheit dreht. Ich konnte mich ziemlich gut mit Osvald identifizieren – außer daß ich nicht Syphilis hatte –, vor allem wenn er sagte: »Mutter, gib mir die Sonne!« Heute mache ich Witze, es ist fast absurd, aber wenn man rückblickend daran denkt, ist es dennoch schön. Ich habe verstanden, daß Osvald mit seiner Krankheit gern alle um sich herum terrorisiert, die Krankheit produziert immer etwas Terroristisches für die Umgebung des Kranken. Wegen meiner eigenen Krankheit hat mich die Problematik der Verfehlungen der Vergangenheit weniger interessiert, was ich zeigen wollte, war mehr, wie die Krankheit aus Osvald ein Monster macht, das auf die Familie Druck ausübt. In meiner Aufführung wurde er zum kleinen Gnom, der mit seiner Krankheit jedermann auf den Wecker geht. Für den Schluß hatte ich mir eine Holztreppe mit einem Hohlraum ausgedacht, damit Osvalds Kopf, wenn er stirbt, beim Fallen ein dumpfes Geräusch machen kann. Das Geräusch des Kopfes, wenn er anstößt... das war ein Schock! So wurde der Tod konkret wahrnehmbar und gleichzeitig auf physische Art heftig.

ZEUGNISSE

Michel Piccoli

Er hat überhaupt keinen Respekt vor dem Theater. Er ist wie ein kleiner Junge und macht mit dem gleichen Spaß Theater wie Kinder. Einfach nur, um etwas Wunderbares herzustellen. Und diese Begeisterung bringt den Schauspieler dazu zu erfinden, zu spielen, aus der Arbeit ein echtes Fest zu machen.

Er ist ein außergewöhnlicher Erzähler. Und diese Geschichten, die er auf den Proben von überall herholt, helfen uns enorm. Sie entspannen nicht nur die Atmosphäre, sie erhellen auch, indirekt, verborgene Winkel des Werks. Luc ist mir immer wie ein großer Spaßmacher vor der Ewigkeit erschienen.

Bondy gibt ein paar Hinweise, wie er die Dinge sieht, doch wirklich sichtbar wird das erst auf der Probe. Und dort hört er nicht auf, zwischen Regietisch und Bühne hin- und herzupendeln. Er ist immer sehr nah bei den Schauspielern. Diese Vermischung, diese Intimität braucht er. Er hat die seltene Gabe, eine Atmosphäre zu schaffen, und ich habe nicht gesagt: sie zu inszenieren. Er ist ein Jongleur, und die Schauspieler sind die Bälle. Er manipuliert mich nie, er läßt mir alle Freiheit, mich selber zu manipulieren. Aber er öffnet sich auch. Niemand schützt sich.

Wenn er nur zwei Worte hätte, um den Schauspielern zu sagen, was er von ihnen erwartet, dann wären es die Worte »Fieber« und »Leichtigkeit«.

Michel Piccoli hat in *Das weite Land* (Schnitzler), *Das Wintermärchen* (Shakespeare) und *John Gabriel Borkman* (Ibsen) gespielt.

Udo Samel

Für deutsche Schauspieler ist die Arbeit mit Luc Bondy faszinierend, weil er die Kraft besitzt, den Willen, alles genau nach einem vorgefaßten Plan zu tun, zu brechen. Indem er ein unbeschreibliches Chaos anrichtet, bringt er uns durcheinander und macht uns frei. Sobald man glaubt, eine Lösung gefunden zu haben, stiftet uns Luc an, das Gegenteil zu tun. Er schafft Verunsicherung, um zu verhindern, daß sich Schauspieler »einrichten« … Er gestattet dem Schauspieler eine große Freiheit, aber gleichzeitig bringt er uns bei, was das voraussetzt: Er macht uns ständig klar, daß es keine totale Freiheit gibt, denn jedesmal, wenn man sie sich nimmt, verliert man dafür etwas anderes.

Luc zwingt einem ungern etwas auf, und er haßt es besonders, wenn Schauspieler ihn durch ihre Haltung dazu bringen, sich wie ein Regisseur »alter Schule« zu benehmen. Mit dieser Form der Autorität hat er nichts zu tun. Er trägt uns für die Dauer der Proben seine Freundschaft an.

Wenn man an einem Text arbeitet, fragt man sich jedesmal: »Will der Text ausdrücken, was er sagt, oder verschweigt er dabei etwas anderes?« Luc will eine Situation nie völlig erklären. Das bewahrt ein bestimmtes Geheimnis.

Die Sprache ist für ihn keine Zwangsjacke, sondern sie wird danach abgefragt, was sie wirklich ausdrücken will. So regt sie die Phantasie an. Luc hat eine enge Beziehung zu ihr, denn er kommt von der Literatur, und auch daher rührt das Vergnügen, mit ihm zu arbeiten.

Luc ist ein musikalischer Regisseur. Sein Theater hat mich immer durch seine Musikalität hingerissen.

Udo Samel hat in verschiedenen Inszenierungen Luc Bondys an der Berliner Schaubühne gespielt.

Nada Strancar

Er interessiert sich mehr für die Person, die er vor sich hat, als für den Schauspieler und dessen Curriculum vitae. Er läßt sich bei der Arbeit von der Person des Schauspielers inspirieren. Und er versucht immer, die Person, nie den Schauspieler zu entblößen. Auf der Bühne ist es dasselbe, er möchte nicht zu einer Bühnenfigur gelangen, sondern zu einem Menschen. Dafür gibt er den Schauspielern alles, wie er auch ihre Vorschläge aufnimmt und sie nicht mit der Arroganz bestimmter anderer Regisseure zurückweist.

Als ich *Borkman* probte, hatte ich mit Ella Rentheim große Schwierigkeiten. Eines Tages, als ich ziemlich ratlos in der Kantine saß, kam er zu mir: »Du leidest? Vielleicht weil du an die Grenze gekommen bist.« Er wollte damit nicht sagen, daß Leiden für den Schauspieler etwas Notwendiges wäre, aber alles, was er mir bis dahin gegeben hatte, mußte mich zu dieser Gefühlskälte führen, die ich dann bereit war zu akzeptieren. So etwas ist nicht leicht zu spielen.

Man widersetzt sich. Und er wußte, daß ich diesen Widerstand überwinden mußte, um aus der Figur keine Heldin zu machen. Er hat mich dahin geführt, aber nicht sadistisch wie andere Regisseure, die gerne bohren, bis es weh tut.

Ja, es stimmt, er ist imstande, etwas zu sagen und im nächsten Moment das Gegenteil davon, aber nicht, damit man dazwischen auswählt, sondern eher, damit man sammelt.

Was er sucht, ist immer die Situation, das Aufein-andertreffen, dessen Komik er bewahren möchte. Er geht nicht von der Figur aus, er schlägt nicht eine innere Fotografie vor, der sich jeder von uns an-zunähern hat. Die Vorstellung einer a priori ausgear-beiteten Figur lehnt er ab.

Luc entlastet den Schauspieler von der ästheti-schen Gesamtkonzeption der Aufführung. Bei Vitez war der Schauspieler auch für die ganze Inszenierung verantwortlich. Nicht bei Luc, der möchte, daß sich jeder um seine eigene Aufgabe kümmert. Vielleicht wegen der klassischen Tradition hat der französische Schauspieler die Neigung, sich für den Mittelpunkt der Aufführung, für den Mittelpunkt der Welt zu hal-ten. »Im Mittelpunkt muß immer das Stück stehen«, sagt Luc.

Nada Strancar hat in *Das Wintermärchen* und in *John Gabriel Borkman* gespielt.

Didier Sandre

Als ich auf der ersten Probe alle möglichen Doku-mente, Kostüme, Fotos an der Wand angepinnt sah, verstand ich das implizit als Ankündigung, daß wir nicht aus unserer subjektiven Sicht oder der subjektiven Sicht des Regisseurs heraus arbeiten würden. Wenn Luc überhaupt einen dramaturgischen Rahmen vorschlug, hatte das nichts Terrorisierendes wie bei einem Gutteil seiner Kollegen.

Er spekuliert nicht auf die virtuosen Fähigkeiten eines Schauspielers. Er ist im Gegenteil auf die besondere persönliche Lebendigkeit eines Schauspielers aus, die sich in alltäglichen Gesten ausdrückt, die ihm nicht entgehen. Er beobachtet sie, und oft erwischt er einen bei einer bestimmten Art, die Zigarette zu halten oder in einem Stuhl zu hängen. Dann sagt er: »Das solltest du in dem und dem Moment machen.« Er ist ein Regisseur, der sich ganz individuell auf die Schauspieler einläßt. Er dirigiert sie nie einförmig, genausowenig wie er es mag, zu Beginn einer Arbeit von einer vorgegebenen Ästhetik auszugehen. Er verschanzt sich hinter keinen Vorgaben.

Es gibt einen inneren Raum der Figur, und solange der Schauspieler den nicht gefunden hat, läßt er nicht locker. Und was mich bei Lucs Arbeit am meisten fasziniert, ist das Verhältnis von Natürlichkeit und Hergestelltem. Was er erreichen möchte, ist das Gleichgewicht zwischen beiden, auch bei zeitgenössischen Texten. Das Hergestellte schließt er nicht zugunsten einer Natürlichkeit aus, die zu sehr nach Fernsehen und Kino riecht.

Wenn ein Schauspieler schlecht ist, denkt er nicht: »Der Schauspieler ist schlecht, ein Fehler, daß ich ihn besetzt habe«, sondern: »Ich finde das richtige Wort nicht, das er braucht, um dahin zu kommen.« Vielleicht ist das seine Großzügigkeit.

Luc ist beständig auf der Suche nach dem Natürlichen und dem Lebendigen. Er erträgt es nicht, sich auch nur eine Viertelsekunde bei einem Satz zu langweilen. So ändert er, nimmt weg, aber man geht durch das Chaos hindurch, ohne je den Eindruck zu haben, total verloren zu sein, denn das Endziel bleibt immer der Satz. Ihm ordnet sich alles unter.

Luc ist glücklich, wenn er das Gefühl hat, der Schauspieler weiß weniger über seine Figur als der Zuschauer. Das Gegenteil stört ihn sehr. Sobald man alles über eine Figur weiß, lenkt man sie zu sehr in eine einzige Richtung und opfert ihre Abweichungen und Irrwege. Wenn ein Schauspieler auf der Bühne alles über die Figur weiß, spürt man das, denn er zeigt es den Zuschauern.

Didier Sandre hat in *Das weite Land* und in *Der einsame Weg* (Schnitzler) gespielt.

Dominique Blanc

Als ich mit Luc gearbeitet habe, war ich fast noch Anfängerin. Um mir bei der Vorbereitung auf meine Rolle in *Das weite Land* zu helfen, brachte er mir eine extra für mich übersetzte Erzählung mit. Sie handelte von einer Frau, die einen wunderbaren erotischen Traum hatte ... Es war der beste Zugang zu Adele Natter.

Er zeigte uns Bilder, vor allem aber brachte er Kostüme mit, aus denen wir am Anfang wählen konnten. Am Ende hatten sie dann nichts mit unseren ersten Versuchen zu tun, doch so konnte Luc, das begriff ich erst später, aus uns herauslocken, was wir uns vorstellten und wie wir unsere Körper in den zukünftigen Figuren sahen. Das half ihm.

Ich habe selten einen Regisseur erlebt, der auf den Proben so schnell Zuschauer wurde. Nicht Regisseur von Schauspielern oder Autor des Stücks, sondern einfach Zuschauer, dem es Freude macht, die anderen spielen zu sehen. Für einen Schauspieler ist das sehr stimulierend.

Dominique Blanc hat in *Das weite Land* gespielt.

Laurent Gréville

Er täuscht seine Umgebung. In Wirklichkeit ist er ein Adler ... wenn man in seine Klauen gerät, hat man Lust, sich gehen zu lassen. Es ist etwas ebenso Körperliches wie Geistiges. Er arbeitet nicht von einem psychologischen, sondern von einem Verhaltensgesichtspunkt aus.

Laurent Gréville hat in *Der einsame Weg* gespielt.

Trudeliese Schmidt

Zur Premiere von *Die Krönung der Poppea* schrieb mir Luc einen wesentlichen Satz: »Du singst gut, weil du gut spielst.« Man kann ihn bestimmt auch umdrehen: »Du spielst gut, weil du gut singst.« Dieser Satz bleibt für mich untrennbar mit der Arbeit mit Luc verbunden.

Trudeliese Schmidt hat in *Die Krönung der Poppea* und in *Die Hochzeit des Figaro* gesungen.

Bulle Ogier

Ich war in Hyères in der Jury eines heute verschwundenen Festivals, als mich Jack Lang bat, auf einen Film mit dem Titel *Die Ortliebschen Frauen* zu achten, von einem talentierten jungen Menschen, der sich kaum sehen ließ. Ich sah ihn ein paarmal auf der anderen Straßenseite, er war nicht wie die Leute vom Film; stets mit einem Buch in der Hand, sah er aus wie ein aus Dostojewski entsprungener russischer Student. Das war Luc.

Später, nach den unglaublichsten Verwicklungen, erreichte mich dank Alain Crombeque der Text von *Das weite Land*, und ich zögerte keinen Moment, die Rolle der Genia anzunehmen. Ich war bereit. Es geschah in einem Augenblick, der richtiger nicht hätte sein können, als hätte Luc in meinem Leben gelesen. Da habe ich begriffen, daß er diese Gabe hat.

In der Arbeit kennt Luc alle Möglichkeiten des Texts, aber er ist flexibel, nie stur, er akzeptiert Vorschläge, selbst wenn er einem dann demonstriert, weshalb das, was man vorschlägt, nicht geht. Er ist fiebrig, ständig in Bewegung; er kommt den Schauspielern gefühlsmäßig und körperlich nahe. Er berührt sie, er agiert als Schauspieler, und ich sage ihm, er sollte einen Film mit sich selber machen, ein bißchen wie Woody Allen.

Er richtet ein unglaubliches Chaos an, zuweilen einen richtigen Sumpf wie in einer Liebesbeziehung, mit guten und schlechten Emotionen, aus dem dann plötzlich die genauesten Antworten aufsteigen. Bei ihm ist die Emotion durch eine Art Wahnwitz ausbalanciert und durch eine besondere Intelligenz belebt. Auf den Proben ähnelt er einem Kind beim Spielen und ist sich dabei doch der Ernsthaftigkeit bewußt. Er fällt in alle Abgründe, er bringt sich in Gefahr, riskiert seine Gesundheit, er schützt sich nicht, aber er schützt die Schauspieler.

Luc ist das, was man »sophisticated« nennt, für ihn ist Theater nicht alles. Die Taschen immer von Büchern ausgebeult, kann er einem von einem Schriftsteller oder einem Film erzählen, um dann übergangslos mit seinen Kindern spielen zu gehen. Und all diese Informationen bringt er ohne Angst vor Widersprüchen in die Aufführung ein. Ich würde sagen, er arbeitet wie an einem Gobelin, einen Stich von vorn, einen von hinten.

Er gleicht einem Kobold, und er kann nicht proben, ohne zu verführen, seien es seine Schauspielerinnen oder seine anderen Partner. Er verwirrt, er bringt durcheinander, er erfüllt ein Leben, und deshalb hinterläßt er, wenn er geht, eine Leere; danach bleibt man invalide, als hätte man ein Bein, eine Hand verloren.

Zusammen mit Marguerite Duras und Jacques Rivette gehört Luc zu den drei wichtigsten Personen in meinem Leben.

Bulle Ogier hat in *Das weite Land*, *Der einsame Weg*, *Das Wintermärchen* und in *John Gabriel Borkman* gespielt.

DAS WICHTIGSTE AM THEATER
IST DIE PERSON
DES SCHAUSPIELERS ...

LUC BONDY: Ich mag Stücke, die ein Weiterdenken, ein Erfinden verlangen ... Das Problem vieler zeitgenössischer Autoren ist, daß sie Texte schreiben, die zu gezimmert, zu vorgefertigt für die Bühne sind. Autoren, die nicht an die bekannten Zwänge denken, konfrontieren uns mit dem Unmöglichen. Und im Theater sucht jeder gute Regisseur das Unmögliche. Wenn es nichts Unmögliches mehr gibt, muß man aufhören.

GEORGES BANU: *Deine letzten Aufführungen mit zeitgenössischen Texten galten bezeichnenderweise zwei Autoren, denen du nahe bist, Botho Strauß und Peter Handke.*

Auf der Suche nach neuen Theaterformen hat Botho Strauß über die neuen Mythologien nachgedacht. Wie ein Labiche hat er sich über konservative Rituale lustig gemacht und es außerdem gewagt, ins Realistische phantastische Elemente einzufügen, wie zum Beispiel die »sprechende Säule« in *Die Zeit und das Zimmer.* Wenn man mich fragte, warum ich Theater mache, würde ich sagen: »Um erscheinen und verschwinden zu lassen.«

Das Theater von Strauß ist eine Mischung aus Phantastischem und Realismus, die ich ins Gleichgewicht zu bringen suche. Es ist immer aufregend, sich von einem Stück führen zu lassen, wenn du nie weißt, was der nächste Schritt und was die nächste Situation ist.

Und trotzdem gibt es im Theater von Strauß ziemlich mehrdeutige Bezüge zur Politik.

Im Vergleich zu Frankreich nach '68, wo man wie-

65

der zur Phantasie, auch zu einer surrealistischen, zurückfand, war man in Deutschland dogmatischer und autoritärer. Professoren konnten nicht mehr lehren, es gab gewaltsame Ausschlüsse. Es war eine Art Mini-Kulturrevolution.

An der Schaubühne gab es damals Maoisten, Trotzkisten, und Schauspieler weigerten sich, in Stücken von Gorki, Brecht oder Handke aufzutreten. In Berlin kam es aus politischen Gründen zu heftigen Brüchen, man konnte nicht mehr befreundet bleiben, wenn man entgegengesetzte politische Ansichten hatte. Strauß hat sich dem entzogen, und diese Aufgeregtheiten hat er dann mit sehr viel Ironie in seinen Stücken reflektiert. In der Szene in *Die Zeit und das Zimmer* zum Beispiel, die sich um Medea dreht, findet sich etwas von diesem Klima. Die mythische Figur wird in die Küche eingeführt, und die Figuren machen sie zum Gegenstand einer Debatte, die sich in Wirklichkeit um ihre Paarprobleme dreht, bis der Ehemann die Sache auf den Punkt bringt: »Alle Fanatiker sind für mich Idioten.« Strauß hat als einer der wenigen humorvoll auf die damalige Situation reagiert. Das war nicht leicht.

Ich habe an der Schaubühne *Schlußchor* inszeniert, ein Stück, das mir gefällt, gerade weil es im Aufbau etwas ungeschickt ist. Es spielt im *Café Deutschland*, wie Dieter Sturm und ich es genannt haben, direkt nach dem Fall der Mauer. Da ist glänzend die Atmosphäre der »Wende« erfaßt, wie wir sie erlebt haben. Meiner Meinung nach ist Botho Strauß der Autor, der nach dem Krieg am besten den Deutschen, dieses synthetische, unter Schmerzen entstandene Wesen, mit seiner Identitätskrise beschrieben hat: Einerseits ist es ihm peinlich, Deutscher zu sein, andererseits will er es aber gerne sein. Wegen des Krieges hat er ein enormes Schuldgefühl, versucht aber auch mit unbändiger Energie alles aus dem Leben herauszuholen. Letztlich, auch wenn das Schuldgefühl, vor allem bei der jungen Generation, allmählich schwindet, behält die deutsche Identität etwas Fiktives, mischen sich Phantasie und Wirklichkeit in unterschiedlichen Proportionen. Für die junge Generation gab es wichtige Anstöße aus Amerika. Botho Strauß hat eine bitterböse, aber produktive Sicht auf die zeitgenössische deutsche Identität beigesteuert, mit der ironischen Klarheit eines Jules Renard hat er sie durchleuchtet. Auf das »Germanische« hat er einen entspannten, humorvollen Blick. Bei ihm gibt es nichts Militantes.

Strauß hat keine Scheu, die heutige Alltagssprache zu sprechen. Er ist nicht wie diese Autoren, die fürchten, sich schmutzig zu machen, wenn sie nicht ausgeklügelte Metaphern benützen. Die meiste Zeit ißt er allein im Restaurant oder im Café und hört die Gespräche der Leute mit. Das mischt er dann mit dem Dialog der Tragödie, und das erzeugt oft Komik, denn dabei läßt er alle Sprachklischees hochgehen.

Er ist ein Autor, der durch die Inszenierung lebt. Er macht, ähnlich wie ein moderner Komponist, viele Anmerkungen, und der Regisseur muß sie entziffern, sie lesen, wie man zeitgenössische Musik liest.

Und Handke? Du hast nur ein einziges Stück von ihm inszeniert, doch er scheint mir eine wichtige Markierung in deinem Universum und in deiner Arbeit.

Seine Literatur hat mich geprägt, wie sie Wim Wenders und viele andere unserer Generation geprägt hat. Er hat uns Landschaften sehen gelehrt, keine natürlichen, sondern geistige, in denen sich Poesie und Metaphysik mischen. Nein, das Wort

»Mischung« paßt nicht ganz… Sein Erzählen, sein Blick, sein Atem sind metaphysisch, auch wenn sie sich immer über das Konkrete und über physische Bilder artikulieren. Wenn er einen Himmel beschreibt, ist es immer so kosmisch wie ein Himmel von Delacroix. Es ist eine schöne Literatur, in der man ein verborgenes Element von Religiosität erkennt. Sie proklamiert nicht etwas Präzises, und trotzdem ist sie visionär.

Handke spürt den Konturen eines neuen Menschen nach, der weder bloß Bürger noch Intellektueller ist. Er interessiert sich nicht für Menschen, die »fertig« sind, sondern für die, die unterwegs sind… *on the road*. Durch seine außergewöhnliche, phantastische Sicht auf das Leben und die Menschen repräsentiert er eine erleuchtete Modernität. Er verschafft mir ebenso viel Vergnügen wie Tolstoi oder Dostojewski.

Handke schreibt Texte, in denen die Sätze zu Dingen werden, in denen es keine Ereignisse im traditionellen Sinn gibt, sondern das Leben ein solches Gewicht bekommt, daß das Buch unsere ganze Aufmerksamkeit fordert, uns mit einer Unmenge von Wahrnehmungen, von winzigen und zugleich wichtigen Details anfüllt. Mein Kopf ist voll von dieser Art des Schreibens. Das Nicht-Ereignishafte bei Handke ist eines der größten Ereignisse der Literatur. Wenn Thomas Bernhard uns durch seinen litaneihaften, repetitiven Stil hineinzieht, impft Handke uns trotz der Durchschnittlichkeit der Geschichte mit einer sanften Droge. Er erfaßt nicht die Veränderungen äußerer Ereignisse, sondern die der Atmosphäre, des Tons, des Zustands. Sie sind unsichtbar und gleichzeitig essentiell. Wie in seinem letzten Buch *Mein Jahr in der Niemandsbucht*.

Es gibt ein Gedicht von Handke, das *Gedicht an die Dauer*, das mich jedes Mal, wenn ich es lese oder höre, bewegt. Ich denke dabei ans Theater, bei dem alles vorbeigeht, und trotzdem gibt es immer etwas, was bleibt, diese Dauer, die durch die Aufeinanderfolge der Aufführungen entsteht.

Einen besonderen Platz unter deinen Freunden nimmt Dieter Sturm ein, der, ohne eigentlich die Funktion des Dramaturgen auszuüben, bei der Vorbereitung eines Projekts dein Gesprächspartner ist und während der Proben konkrete Anmerkungen macht. Du suchst seinen Rat, fragst ihn und teilst mit ihm ein Gutteil deiner Vorlieben.

Weil er ein Theaterdenker ist. Nicht in dem Sinn, daß er einem ein Werk erklärt oder eine Theorie formuliert, ganz im Gegenteil. Er legt einem wie in der Anatomie den Körper des Stückes frei, aber ohne je ein Organ zu beschädigen, er seziert mit äußerster Behutsamkeit, bis die Eingeweide klar sichtbar sind. Er sagt aber nie, was man damit anfangen soll, weder wie man den Körper des Stückes wiederherstellt noch wie man das Ganze reorganisiert. Er begleitet einen auf der Entdeckungsreise ins Innere, und dann läßt er einem die Freiheit. Eines Tages möchte ich über ihn schreiben. Es wäre das Porträt eines Mannes, der kaum erkennbare Spuren hinterläßt und den man Stück für Stück aus vielfältigen Geschichten und Erzählungen erstehen lassen könnte.

Es fällt auf, daß du Wert auf vorzügliche Mitarbeiter legst, daß du die Leute um dich herum mit besonderer Sorgfalt auswählst, als wolltest du dir so die geistige Hygiene garantieren.

Ich lege meine Theaterarbeit nicht so an, als müßten alle Dinge aus mir kommen. Die Inszenierung ist das Resultat einer Gruppe, der Regisseur ist der Katalysator. Man muß es verstehen, mehrere Leute einzubinden und gleichzeitig die Kreativität jedes einzelnen zu wecken. Wenn man die Besten um sich herum hat, kann man immer weiter gehen und außerdem ohne diese Anstrengung, die ja nicht nur die Probenatmosphäre beschwert, sondern auch die Aufführung. Je besser die Mitarbeiter, desto mehr Vergnügen macht die Arbeit und desto weniger schmerzhaft ist das Gelingen. Zuviel Drama bekommt mir nicht, ich brauche eine lustvolle Atmosphäre.

Der Schauspieler steht bei dir im Mittelpunkt, sein Spiel und das Spiel zwischen euch beiden. Wenn du eine Besetzung machst, nimmst du lieber Schauspieler, die du neu entdeckst, oder ziehst du Schauspieler vor, die du schon kennst? Nach einer Aufführung der Schaubühne, die dich enttäuscht hatte, sagtest du mir einmal, du kennst diese Schauspieler zu gut ...

Zuallererst: der Schauspieler ist unbestritten mein vorrangiges Ausdrucksmittel. Alles geht durch ihn hindurch, alles läuft auf ihn zu. Ich habe nie versucht, seinen Platz einzuschränken oder ihn anderen Elementen der Inszenierung unterzuordnen. Vor allem nicht mir selber. Eine Journalistin hat mir einmal erklärt, sie wolle Regisseurin werden, und ich habe sie gefragt, warum. »Um Menschen zu führen, zu beherrschen und zu dirigieren«, hat sie geantwortet. Sie sollte besser zur Armee gehen, hab ich mir gedacht, denn diese Ambition ist der geschworene Feind der Kunst. Der Regisseur als Dompteur, diese Vorstellung verabscheue ich.

Wenn man Schauspieler oder Sänger sucht, bedarf es einer Kunst des Schauens. Fächerartige Ohren, herabhängende Augenbrauen, wulstige oder zu schmale Hüften, kurz ein richtiges menschliches Bestiarium, ein bißchen à la Daumier, das ist mein Ausgangsmaterial für einen Baron oder eine Nutte, einen Großbürger oder einen Outlaw. Vom Körper der Schauspielers gehe ich aus. Manchmal entscheide ich einfach nach der Sensibilität, die auf der Bühne genauso wichtig ist wie der Körper. Deshalb engagiere ich ehrlich gesagt oft jemanden ohne Vorsprechen, nur nach einem Gespräch, das mir genügend gezeigt hat.

Um auf die Frage zurückzukommen: Es gibt immer dieses Paradox, daß man von einem Schauspieler, der einem vertraut ist, besser »geliefert« bekommt, was man sucht – darf man das sagen: »geliefert«? –, oder eher: daß man ihn besser zum Spielen provozieren kann, mit der ganzen »Reibung«, die das voraussetzt. Ich entdecke mehr an jemandem, den ich kenne, als an jemandem, den ich nicht kenne.

Wie sieht der Beginn der Arbeit mit einem neuen Schauspieler aus?

Bei der ersten Begegnung tue ich mich schwer. Das ist einer der Gründe, unter vielen anderen, weshalb ich diesen Beruf unerträglich finde. Bei der ersten Begegnung ist die Situation verfälscht, weil jeder dem anderen etwas beweisen möchte. Es dauert eine ganze Weile, bis man damit aufhört und anfängt, darüber zu reden und zu phantasieren, wie die Aufführung werden könnte. Erst dann beginnt das Wunder der Reise.

Das ist der Grund, weshalb du am Beginn der Arbeit mit einem Schauspieler verschiedene Strategien anwendest: gemeinsame Spaziergänge, Gespräche, Essen.

Für mich hat so eine Vorbereitung nichts Didaktisches oder Methodisches. Es passiert automatisch … Ein Schauspieler ist jemand, der etwas herstellt. Und ich möchte *mit* ihm und nicht *ohne* ihn gewinnen, ge-

71

meinsam gegen anfängliche Befürchtungen kämpfen, das Terrain sondieren, es gemeinsam erforschen. So bin ich mit Michel Piccoli herangegangen, in *Das weite Land* und später in *Borkman*. Am Ende haben wir eine gemeinsame Sicht auf die Wirklichkeit gehabt, und das gibt ein Gefühl der Sicherheit. Auf dieser Basis entsteht überhaupt erst der Dialog, der erlaubt, Theater zu machen ... Das Theater ist eine Kochkunst mit sehr merkwürdigen Ingredienzien, aber das wichtigste ist die Person des Schauspielers. Die muß ich kennen. Deshalb mag ich es nicht, wenn ich in der Oper am ersten Probentag manchmal Sängern gegenüberstehe, von denen ich nichts weiß.

Nimmst du die Schauspieler, wie sie sind, oder formst du sie eher? Regisseure nehmen dazu, mehr oder weniger explizit, verschiedene, sogar entgegengesetzte Positionen ein.

Ich möchte die Schauspieler formen, sie in ihrer Entwicklung fördern, aber ich kümmere mich nicht intensiv genug darum, und manchmal werfe ich mir das vor. Ich versuche in Frankreich dafür einen kleinen Ort zu finden, hier, wo die Schauspielausbildung mangels fester Ensembles ohnehin problematisch ist. Die Ausbildung wird ja nicht an der Schule, am Konservatorium abgeschlossen. Ein Schauspieler ist wie ein Musiker, er muß immer spielen, mit den anderen, in den Ensembles. Wenn man eine aufwendige Besetzung macht, kriegen die besten die Hauptrollen, die weniger guten die Nebenrollen und die schlechteren die kleinsten Rollen. Es ist schade, daß die Qualität der Schauspieler gemäß dieser Hierarchie abfällt. Bei einem Orchester wäre diese Logik katastrophal, es kann überhaupt nur spielen, wenn alle Instrumente bestmöglich besetzt sind. Das Fehlen fester Ensembles, mit Ausnahme der Comédie-Française, ist eine beklagenswerte Sache. Es ist ein Fehler. Ein Direktor bekommt ein Theater, nicht ein Ensemble.

In Deutschland ist das Ensemble eine Institution. Natürlich erklärt sich das auch durch die Höhe der Subventionen, die erlauben, daß Schauspieler mit Monatsgagen langfristig zusammenarbeiten und so auch nicht ständig damit kommen, sie müßten für einen Funk oder ein Fernsehen weg. Sie bleiben auf eine gemeinsame Arbeit konzentriert. Wenn sie zu einem Ensemble gehören, kommen sie sich auch näher und verlieren das gegenseitige Mißtrauen.

Ja, aber das Ensemble produziert auch, wie man von gewissen Medikamenten sagt, »Nebenwirkungen«: Gewöhnung, Sklerose, eine übermäßige Vertrautheit.

Vor den »Nebenwirkungen« kommen aber die wohltätigen Wirkungen. Es ist nützlich, daß sich die Schauspieler untereinander kennen, genauso wie der Regisseur sie kennen muß. Wenn fünf, sechs, sieben Schauspieler zum ersten Mal aufeinandertreffen, passiert etwas, aber nicht das, was einem guten Probenablauf förderlich wäre. Ein Ensemble hat eine Identität entwickelt, und manchmal bewirkt ein glücklicher Zufall, auch ein Unfall, daß jemand Neues dazustößt. Es kann zwar auch amüsant sein, mit einander völlig fremden Leuten zu proben, aber das kann ich nicht zum Prinzip machen. Wenn der Schauspieler und der Regisseur zum ersten Mal aufeinandertreffen, müssen sie erst einmal kommunizieren lernen, und das kann so viel Zeit beanspruchen, daß für die eigentliche Arbeit keine mehr bleibt. Wenn man mit einem Ensemble arbeitet, muß man bestimmte Dinge nicht mehr erklären, und um das, was ungeklärt bleibt, kümmern sich die Schauspieler selbständig. Sie erfinden. Wenn etwas vollständig erklärt ist, sieht man es immer auf der Bühne. Es drückt, wirkt kümmerlich, eng, ohne Leichtigkeit.

Ich mag bestimmte Schauspieler und versuche sie immer wieder zu kriegen. Das macht außerdem sicher. Spielen ist ein schamloser Akt, man zieht sich ständig aus. Spielen setzt voraus, ein anderer zu sein, obschon man noch gar nicht wirklich man selber ist. Es ist irrsinnig gefährlich und unwägbar zu spielen. Ich bin jedesmal überrascht, daß die Schauspieler »zurückkommen« und nicht in der Rolle bleiben. Vor zwanzig Jahren gab es Jugendliche, die LSD nahmen und auf dem Trip blieben. Sie kamen nicht zurück. Chemische Prozesse laufen auch im Gehirn des Schauspielers ab, und ich glaube, in Wirklichkeit kommt er nie ganz zurück. »Bei sich« sein heißt für ihn: nichts sein. Wenn er darüber hinaus »sein« will, ist es noch schrecklicher. Der Schauspielerberuf verlangt das absolute Vertrauen, sich ihm wirklich auszuliefern. Der Schauspieler, der probt, gleicht einem Musiker, der auf einem Instrument übt, mal kann er ein häßliches Geräusch produzieren, mal einen perfekten Klang. Er unterwirft seinen Körper, der bei dieser Übung nicht automatisch funktioniert. Um auszuprobieren, muß er das absolute Vertrauen haben, daß der andere ebenfalls ausprobiert. Dieser Austausch funktioniert besser, wenn die Leute sich kennen.

Und dennoch lauert die Sklerose ...

Es gibt Schauspieler, die empfinde ich als unerschöpflich. Wenn man mit so einem mehrmals arbeitet, sucht man nicht mehr abstrakt nach einem Stück, sondern man sucht eine Rolle für ihn. Er wird eine Art Alter ego im eigenen Theateruniversum. Man möchte ihn immer bei sich haben. Man sagt sich:

»Ihn mag ich am liebsten, er kann ausdrücken, was ich durch diese Rolle ausdrücken möchte.« Doch es stimmt, die Gefahr besteht, daß sich die Faszination einmal erschöpft. Man entdeckt dann schmerzhaft die Grenzen der Natur. Das ist normal. Irgendwann ist mir das mit gewissen Schauspielern der Schaubühne passiert.

Ich suche Familien, um sie dann verlassen zu können. Man kommt, man geht. Die Schauspieler bleiben: sie spielen ja. Und noch dazu gemeinsam.

Liefert diese »Familie« dem Regisseur, der sie gegründet hat und ein Teil von ihr ist, am Ende nicht den »gefügigen« Schauspieler, die Knetmasse, die keinen Widerstand leistet?

Der allzu »gefügige« Schauspieler ist sicher schrecklich, aber noch schrecklicher ist der Schauspieler, dessen Blick du nicht siehst, der dir ständig zeigt, daß er dem verschlossen bleibt, was du ihm sagst.

Das ist nicht der renitente, das ist eher der gleichgültige Schauspieler.

Eine gespielte Gleichgültigkeit, plump zur Schau gestellt, um den anderen zu verletzen. Schauspieler, wenn sie neurotisch sind, haben Angst und übertragen ihre Ängste auf ihre Partner, auf den Regisseur... Wenn von renitenten Schauspielern die Rede ist, muß ich an die Geschichte denken, wo Devos einen Typen beschreibt, der ständig sagt: »Und weiter?« Ich habe Schauspieler gehabt, in deren Augen dauernd dieses »Und weiter?« stand, während ich sprach. Mit so einem Schauspieler kann ich nicht arbeiten. Früher habe ich es noch versucht, jetzt tue ich es nicht mehr. Ich bin weniger masochistisch als früher. Als ich ziemlich jung war und in München ein Stück von Edward

Bond inszenierte, *Die See*, kam sich einer der Schauspieler, weil er im Fernsehen war, so wichtig vor, daß er mich nicht einmal mehr grüßte. Um mich zu rächen, sagte ich ihm in einer Szene: »Nimm diesen Stein, wasch ihn und trockne ihn mit einem Taschentuch ab.« Er spielte einen Einsiedler. »Tut man das?« hat er gefragt. »Ja.« Widerwillig hat er es gemacht, und schließlich fand ich es toll. Der Typ des Renitenten verschafft einem allerdings selten solche Befriedigungen.

Welche Beziehung zu den Schauspielern findest du am fruchtbarsten? Wie siehst du sie im Verlauf der Proben?

Man kann weder mit einem Stein noch mit einer Knetmasse etwas anfangen. Ich habe oft darüber nachgedacht, was soll man sagen, was soll man nicht sagen, und vor allem, das ist wesentlich, in welchem Moment. Nach meinem Gefühl zeigt sich darin, ob einer Regisseur ist oder nicht. Wenn sich einer zu dem Beruf entscheidet, denkt er, es genügt, Phantasie zu haben, zu wissen, was man den Schauspielern sagt, und daraus entsteht dann eine Aufführung. Das Problem ist nicht, Ideen zu haben, denn wenn man keine hat, muß man es ganz lassen. Man fragt sich ja auch nicht, ob ein Schwimmer zum Schwimmen Arme braucht, ein Sänger zum Singen eine Stimme, ein Musiker zum Spielen ein musikalisches Gehör. Alles hängt davon ab, daß man die Sprache zur Umsetzung seiner Ideen findet. Gleichzeitig muß man unbedingt eine gewisse Ökonomie praktizieren und darf nicht alles sagen, um der Phantasie Raum zu lassen. Um den Schauspielern mehr Freiheit zu geben, muß man auch lernen, »Geheimnisse« zu bewahren, sie erst nach und nach preiszugeben. Das lernt man mit dem Alter ... Aber mit dem Alter ist man auch immer weniger zufrieden, und das macht einen manchmal grausam. Man kann nicht auf allen Ebenen gewinnen.

Regieanweisungen müssen im richtigen Moment kommen. Schwierig zu finden ist nicht nur die richtige Art, sondern auch der richtige Moment, mit einem Schauspieler zu sprechen, denn jedes Wort prägt sich ihm ein, jeder kleine Fehler, besonders meiner. Sicher, man kann auch eine Gegenanweisung geben, aber ohne den Eindruck zu vermitteln, das ganze System sei in Frage gestellt. Wenn der Schauspieler dieses Gefühl hat, kommt er durcheinander. Gewöhnlich forciere ich möglichst wenig, um zu sehen, was der Schauspieler selber entwickeln kann. Man muß ihn lenken, ohne daß er es merkt.

Die Schauspieler, die mit dir gearbeitet haben, sprechen von einem – gar nicht unangenehmen – Gefühl der Unsicherheit auf den Proben. Nichts scheint fixiert oder definiert zu werden, alles bleibt provisorisch, und dies, weil du sie verunsichern und daran hindern möchtest, sich auf zu schnell getroffene Entscheidungen festzulegen.

Das ist schmeichelhaft, aber es stimmt. Ich denke, jede Situation erlaubt eine Vielzahl von Blickwinkeln, und es ist spannend, sie durchzuprobieren. Besonders aufpassen muß ich, wenn ein Schauspieler viele Anweisungen verlangt, die können das Gegenteil von dem bewirken, was ich erreichen möchte. Wenn es bei mir eine durchgehende Idee gibt, dann die: von Anfang an die Überzeugung zu verbreiten, daß nichts fertig ist. Ich bin überzeugt, daß der Schauspieler eine schöpferische Phantasie hat, aber unter der Voraussetzung, daß ich sie richtig anrege und sein Vertrauen stärke. Es gibt Schauspieler, die haben mehr, andere haben weniger. Ich muß es herausfinden und mich danach richten.

Wenn sie sagen, ich provoziere Unordnung, kann ich dazu nichts sagen, denn ich weiß nicht, was Ordnung wäre. Genausowenig weiß ich, was ein System wäre. Jeder hat sein System. Meines ist, keins zu haben.

Auf die Schauspieler bezogen behauptest du oft: »Wenn ich probe, dann sehe ich nur sie.«

Die Schauspieler, die ich besetzt habe, spielen als Personen eine enorme Rolle. Ich kann nicht an eine Aufführung denken, ohne ihre Gesichter vor mir zu haben, ohne mich auf ihre Eigenart zu beziehen, wenn sie nicht spielen. Ich habe die Besetzung insgesamt ständig vor Augen.

Man spricht oft davon, daß Schauspieler ihre Figur zu sehr verteidigen und versuchen, ihr immer eine Chance zu geben, was auch immer sie tut.

Ich mag Schauspieler nicht, die sich die Figuren wie abgeschlossene Identitäten vorstellen. Bei Tschechow sieht man am besten, daß diese Identitäten eine Entwicklung in der Zeit haben, und im Theater ist das am spannendsten zu entdecken. Gegen die Vorstellung, eine Figur zu suchen, wehre ich mich, man kann ja nicht jemand ganz anderen suchen.

Ich mag es, wenn sich die Persönlichkeit das ganze Stück über verändert. Zum Beispiel kann eine Figur, die in dieser Szene keine Chance hat, sie in der nächsten bekommen. Ein Schauspieler muß die Identität der Figur, die er verkörpern will, ständig in Frage stellen.

Eine Figur ist für mich nie etwas, das man auf einen lebendigen Menschen aufpfropft, das ergäbe außerdem nur eine banale ausgedachte Imitation. Das wäre nicht produktiv, weil Schauspieler nicht begrenzt sind ... sie sind unbegrenzt! Die Herstellung einer Figur ist das

Puzzle aus einer Unmenge Details, die aus der Fiktion der geschriebenen Figur wie aus der Realität des lebendigen Schauspielers kommen.

Wenn man einen großen Regisseur wie Louis Jouvet auf Proben reden hört, ist es aufregend festzustellen, wie er zum Beispiel für Molières Don Juan *eine genau bestimmte Form vorschlägt – die eines mittelalterlichen Mysterienspiels –, und andererseits appelliert er in den Regieanweisungen extrem an die Phantasie. Er verlangt zum Beispiel von der Interpretin der Elvire, ihre Replik solle »wie ein Fluß strömen«. Man sagt auch von Grotowski, er habe eine neuartige Form der Regieanweisungen entwickelt, und die von Grüber sind für ihre poetische, ja enigmatische Dimension berühmt. Hat er den Schauspielern bei* Bérénice *nicht gesagt: »Habt ein heißes Herz und einen kalten Mund ...«*

Das ist eine schöne Regieanweisung, aber es ist leichter, sich den kalten Mund als das heiße Herz vorzustellen, denn das Herz, wer kann schon wirklich wissen, wo es sitzt?

Hast du bei Regieanweisungen besondere Vorlieben?

Ich mag Anweisungen, die nicht zu psychologisch sind. Mit der Versicherung »X liebt Z« kann der Schauspieler nichts anfangen. Es ist leichter, mit der Negation zu arbeiten: »X verabscheut Z«. Die Negation provoziert eine aktive Antwort auf der Bühne. Man muß Bilder oder Situationen vorschlagen, die den Schauspieler anregen. Im Zweifelsfall ist es wirkungsvoller, einem Schauspieler vorzuschlagen: »Stell dir vor, deine linke Hand ist schwerer als die rechte«, statt von ihm zu verlangen: »Sei eifersüchtig.« Gefühle drücken sich nicht direkt aus. Die Sprache des Schauspielers ist realer, körperlicher. Peter Stein, erzählt man, habe einmal als junger Regieassistent einer

Schauspielerin, die nicht fand, was sie suchte, gesagt: »Wenn du deine Hand mehr auf die linke Hüfte stützt und den rechten Ellbogen auf die Stuhllehne, wäre es besser.« Daran hat sie in ihm den künftigen großen Regisseur erkannt.

Wenn man an einem Dialog arbeitet, weiß man, daß die Physiognomie und die Gestik der Sprechenden eine zweite Sprache bilden. Was zählt, ist nicht nur das Ausgesprochene, sondern das Darunterliegende, das Verborgene, das man als Regisseur entdecken muß. Oft glauben Regisseure, es genüge, ein paar allgemeine Ideen sichtbar werden zu lassen, der Rest enthülle sich dann automatisch. Nun glaube ich aber, man sieht entweder nichts oder man sieht zuviel. Die Bewegung der Hände oder die verschiedenen Arten, sich auf der Bühne zu berühren oder nicht zu berühren, sagen sehr viel aus. Die Sprechweise und die Art, sich zu bewegen, unterscheiden sich je nach dem Verhältnis, das man zum anderen hat, und sie drücken nicht dasselbe aus. Da ist oft eine Spaltung. Deswegen ist ein Schauspieler, der die Worte mit Gesten begleitet, ein Horror. Mein Vergnügen ist es, die Bühne als Ort zu behandeln, wo die Mechanismen der Kommunikation unterschiedlich funktionieren. Zum Beispiel hat es mich immer fasziniert zu sehen, daß Südländer, wenn sie in Sizilien oder Griechenland vor dem Haus sitzen, ihre Reden mit einer Hand begleiten und nicht mit zwei. Die eine Hand ruht aus. Das Aufregende ist die ruhig bleibende Hand, nicht die bewegte. Die unbewegliche Hand sagt unglaublich viel über eine Kultur und eine Zivilisation. Die Hand, die nichts tut, ist ein Zentrum, sie verrät, daß die eine Partie des Menschen ruhig bleibt, während die andere den Anschein erwecken kann, sie wäre besonders bewegt.

Die Arbeit am Körperausdruck ist wesentlich und befreiend. Ich habe gelesen, der japanische Filmregisseur Ozu habe einmal Schwierigkeiten mit seinem Lieblingsschauspieler gehabt, der besonders ungeschickt war. Also hat er den Schwierigkeitsgrad noch erhöht. Er mußte das Sakeglas bis oben füllen, es durfte nicht überlaufen und so weiter. Diese Konzentration hat den Schauspieler befreit. Glenn Gould erzählt, wie er es einmal trotz unzähliger Wiederholungen nicht schaffte, einen Akkord zu spielen, bis er eines Tages die Idee hatte, beim Üben zwei Radios laufen zu lassen, und so nichts mehr hörte. So hat er das Problem physisch gelöst.

Im Schauspiel genauso wie in der Oper muß alles durch den Körper hindurch. Ohne den Körper wird dem Werk, metaphorisch gesprochen, ein Teil amputiert, es fehlen die Farben, und man bekommt nur eine Teilversion. Ich habe Zeit gebraucht, bis ich das begriff, besonders in der Oper, aber seitdem, seit *Così fan tutte*, verlasse ich die Bühne nicht mehr, ich bleibe bei den Sängern.

Ein großer Regisseur wie Stein arbeitet physisch. Man macht den Schauspielern physisch etwas vor, was man ausdrücken möchte, geht durch den Körper. Ich schaue den Schauspielern zu, und dann integriere ich mich völlig in die Rolle, um die körperliche Erfahrung zu kriegen, die ich dann mitzuteilen versuche.

Der Schauspielerberuf ist der nackteste Beruf, weil der Schauspieler ohne jedes Hilfsmittel arbeiten muß. Als Regisseur bin ich dazu da, ihm ein paar Stützen zu liefern, damit er sich freispielen kann.

Wie man hört, ist das in der Szene von John Gabriel Borkman *passiert, in der Michel Piccoli auf seinem Dachboden die lange stumme Improvisation macht.*

Das war eine Anregung von Botho Strauß, der während der Proben nach Lausanne gekommen war. Er, der Einzelgänger, hat mich darauf aufmerksam gemacht, daß man nie sieht, was mit Borkman passiert, wenn er allein ist. Ich habe die Bemerkung einfach so an Piccoli weitergegeben, ohne dazu einen Vorschlag zu machen, aber von da an hat Piccoli begonnen, sich sein Leben auf dem Dachboden zu erfinden. Die Szene konnte mehr oder weniger lang dauern. Da waren Kupferstäbe, die er plötzlich anschlug, er lauschte dem Klang nach, dann ging er etwas notieren, ich weiß nicht was, aber ich fand es richtig. Und dabei einsichtig. Was er notiert hat? Ich habe keine Ahnung. Bis heute nicht.

Auf den Proben machst du, statt einer Regieanweisung, oft Leute von der Straße nach, Freunde. Vor einiger Zeit war diese Art vorzumachen heftig umstritten. Es hieß, dem Schauspieler werde da etwas aufgezwungen, er werde in seiner eigenen Phantasie beschnitten.

Das ist lächerlich. Ich mache nicht vor, um meine Schauspieler zu terrorisieren, ich habe einfach gemerkt, ich habe die Intuition dafür, wie das Leben äußerlich funktioniert, und ich sehe nicht ein, weshalb ich das auf den Proben nicht benützen soll. Es ist für mich leichter, einen verachtungsvollen Blick, Ungeduld, eine bestimmte Art, Guten Tag zu sagen, vorzumachen, als es zu beschreiben. Sehr wenige Regisseure können selber spielen, wenige begreifen, was im Körper eines Schauspielers vorgeht, und noch weniger können ihm physisch vormachen, was er sucht.

Das wirkliche Problem liegt jedoch darin, daß man Theaterarbeit, die ja eine Form des Handwerks ist, unmöglich objektivieren kann. Man kann die eigene beschreiben, aber es gibt tausend andere. Deshalb hat man nie das Recht zu sagen: Ich lehre Regie. Man kann höchstens sagen: Ich demonstriere jemand anderem meine eigene Arbeitsweise mit einem Schauspieler, und der betreffende kann, falls er interessiert ist, davon Gebrauch machen.

Die Regel ist, daß alle Methoden legitim sind. Das habe ich einmal in einem Text erläutert, den ich *Meine Methode, das bin ich* betitelt habe.

Niemand bestreitet: ohne wechselseitige Kommunikation gibt es keine fruchtbare Beziehung. Einseitige Kommunikation nimmt die Antworten des Partners, seine Reaktionen nicht auf. Wie erlebst du als Regisseur den Dialog mit den Schauspielern? Lernst du etwas von ihnen? Was?

Selbstverständlich kann man von Schauspielern lernen. Wenn man lernen *muß*, dann kann man es so … Bei diesem Handwerk kann man nur im Kontext der Theaterarbeit lernen, wobei es der Regisseur ist, der die Ausgangsfragen formulieren muß. Ich würde vielleicht nicht sagen, ich lerne, passender wäre: Dank den Schauspielern weiß ich etwas Neues.

Ein Beispiel ist wieder *Die See* von Bond, ein Stück, das von Obskurantismus in einer Kleinstadt handelt, in der man einen Fremden verfolgt, der angeblich Visionen von Überirdischen hat. Da habe ich mit Walter Schmidinger, einem genialen Schauspieler, gearbeitet, der mir viel beigebracht hat. In seiner Jugend war er Schneider gewesen und wußte, wie man große Vorhänge zuschneidet. Nachmittags probten wir manchmal allein, und er zeigte mir, wie man die große Schere an den Stoffen ansetzt. Außerdem konnte er mir ein Massenphänomen in dem Stück erklären – es wird jemand gelyncht –, als ob er es selbst erlebt hätte. Er wußte, was es bedeutet, ausgeschlossen zu sein. Ein großer Schauspieler kann die Situation aus einer anderen Perspektive erklären als der des Regisseurs. Außer Dieter Sturm, dessen Bekanntschaft einer der wichtigsten Momente in meinem Leben ist, hat mir niemand so richtige und genaue Dinge zu einer Szene gesagt.

Das beweist, daß die Dynamik der Beziehung Interpret–Regisseur auch auf der Ebene der Dramaturgie wirksam wird.

Ja, es gibt sogar Sänger, die mir nicht nur über das Handwerk, sondern manchmal auch über das Werk, das ich inszeniere, etwas beibringen. Als ich zum Beispiel *Così fan tutte* inszenierte, machte mich ein Sänger darauf aufmerksam, daß diese Oper vom Schrecken der Einsamkeit handelt: Jeder spielt, und am Ende bleiben alle allein. Niemand versucht wirklich, dem anderen zu helfen. Das hat meiner Arbeit eine Klärung gebracht und ist der Beweis, daß die Leute, mit denen man arbeitet, zuweilen eine sehr genaue Vorstellung des Werks haben. Es ist allerdings selten, denn gewöhnlich tragen Schauspieler nicht allgemeine Konzeptionen bei, sie konzentrieren sich auf eine spezielle Situation. Dabei können sie aber manchmal mit einem winzigen Satz einen unverhofften Horizont öffnen. Für solche Sätze versuche ich offen zu bleiben. Ich bin ein eklektischer Vampir.

Sagen wir, manche Schauspieler bringen mir auch bei, wie ich sie kennenlernen kann. Natürlich ist das nicht die – gar methodologische – Regel, sondern die mit großen Schauspielern verbundene Ausnahme. Normalerweise sind es Ausnahmepersönlichkeiten, die nach Erforschung verlangen. Eingebildete Menschen trifft man selten unter wirklich großen Schauspielern. Sie sparen alles für die Bühne auf, nicht bewußt wie Sportler, sondern fast wider Willen. Durch sie habe ich ganz neue Möglichkeiten der Existenz kennengelernt.

Scheint es dir plausibel, die Beziehung Schauspieler–Regisseur mit der von Patient–Psychoanalytiker zu vergleichen?

Das ist möglich.

Ohne Übertragung funktioniert die Beziehung zwischen Schauspieler und Regisseur nicht vollständig. Gewöhnlich zeigen die Krisen oder die Erfolge die Symptome mißlungener oder gelungener Übertragung.

Sicher kann man das sagen. Es gibt Momente, in denen der Schauspieler Aggressionsbeziehungen aufbauen möchte und den Regisseur mit dem Vater gleichsetzt, damit er ihn verachten oder gegen ihn kämpfen kann. Wenn der Regisseur außerdem zu verständnisvoll und zu nett ist, reagiert der Schauspieler mit Angst wie ein Kind. Es ist bekannt, daß sich der Mensch, wenn man ihn schlägt, besser beschützt fühlt. Man muß Schauspieler provozieren, wenn man etwas erreichen will. Man muß sie durcheinanderbringen, verwirren, destabilisieren. Das Theater ist eine Lügenmaschine, man kann, da man in der Fiktion arbeitet, fiktiv agieren. Aber ich agiere nie als Psychiater.

Im Probenprozeß kommt es außer den individuellen Bindungen auch zum Phänomen der Gruppe, die sich um den Regisseur bildet. Die Beziehung zwischen Regisseur und Gruppe ist die fundamentale, und der Regisseur gilt als der, der für alles verantwortlich ist. Das stimmt zwar, er hat den Beruf ja auch gewählt, weil es ihm Spaß macht, ein Ensemble zu dirigieren, doch die Presse überbetont das heute, sie macht den Regisseur mehr und mehr zum einzigen Verantwortlichen für die Aufführung. Das ist ein Irrtum der Wahrnehmung, und es kann mal positive, mal negative Wirkungen auf die Beziehungen zwischen Ensemble und Regisseur haben.

Alle Schauspieler der Schaubühne haben irgendwann eine Analyse gemacht…

Die haben sie nicht gemacht, weil sie Theater machen, sondern weil Schauspieler als Menschen noch zerbrechlicher sind als gewöhnliche Sterbliche. Außerdem wollen sie durch die Analyse herausfinden, was sie in ihrem kreativen Prozeß blockiert. Für einen Schriftsteller kann das ähnlich sein.

Über Proben hat Peter Brook gesagt: »Gutes kann man nur in einem Klima des Vertrauens erreichen.«

Natürlich, das Vertrauen muß da sein. Was wäre das Gegenteil von Vertrauen? Es wäre der Zweifel, oder eher: der Argwohn. Das ginge nicht. Vielleicht hat das Wort »Vertrauen« für mich und für Brook einen anderen Sinn. Für mich bedeutet es, daß die an der Aufführung Beteiligten dieselbe Haltung haben. Keiner darf sich dagegen sperren, sich den anderen auszuliefern und alles, was an Geheimstem und Intimstem in ihm ist, zu entblößen, um gemeinsam ein Höchstmaß an Wahrheit zu erreichen. Wenn ich die Biographien der großen Filmregisseure lese, sind die Begriffe, die die Arbeit betreffen, weniger psychologisch, mehr technisch, sie sprechen vor allem darüber, was sie mit der und der Vorgehensweise erreichen wollten. Ich bin gegen die »Guruisierung« des Theaters. Ich habe etwas gegen Regisseure, die ständig von sich sprechen, davon, was sie unbedingt brauchen, um kreativ zu sein. Das ist obszön. Kannst du dir einen Schriftsteller vorstellen, der ständig erklärt, was er in sein Notizbuch gekritzelt hat? Am Theater hat man den Hang, alles zu sentimentalisieren. Man sollte nicht soviel darüber reden. Es müßte natürlicher sein. Man arbeitet, man macht zusammen ein Stück, man möchte, daß es möglichst erfolgreich wird, und dann macht man das nächste. Hitchcock hat einmal zu einer hysterischen Schauspielerin gesagt: *»We are doing just a film.«* Ich sage: *»Just a play.«*

Theater machen heißt auch mehr oder weniger in der Gruppe leben, und Regisseure halten es unterschiedlich mit der Zeit außerhalb der Theaterarbeit. Bleibst du mit den Schauspielern zusammen und sprichst weiter über die Proben oder reicht es dir, während der Proben mit ihnen zusammenzusein?

Früher bin ich fast immer geblieben. Jemand wie Bruno Ganz braucht das. Heute lege ich mehr und mehr Wert auf meine private Zeit. Direkt nach den Proben rede ich nicht gern darüber, was man gerade gemacht hat, vor allem nicht im Restaurant. Das ist furchtbar. Das macht alles kaputt.

In einem technischen Detail unterscheiden sich Regisseure. Manche verlangen, daß die Schauspieler den Text nicht vorher lernen, andere fordern genau das.

In Frankreich müßten sie den Text auswendig können, denn es gibt keinen Souffleur wie in Deutschland. Hier kommen sie mit dem Buch in der Hand, und das ist eine Katastrophe, denn unter diesen Bedingungen kann man keine richtigen Stellproben machen. Sie sind unfähig, etwas anzubieten oder zu improvisieren. In Deutschland können die Schauspieler nur einen Teil des Textes auswendig, und die Souffleuse hilft ihnen beim Rest. So kann man arbeiten, denn sie sind beweglicher und haben den Kopf frei, um etwas zu erfinden. Ich finde es unerträglich, wenn Schauspieler mit dem Textbuch in der Hand proben.

Jeder große Regisseur formt sich, mehr oder weniger genau, das Bild seines idealen Schauspielers. Und gewöhnlich erkennt er es in einer bestimmten Person, wie es der Fall war bei Jean Vilar und Gérard Philipe, bei Strehler und Marcello Moretti, bei Brook und Paul Scofield, bei Grotowski und Ryszard Cieslak, bei Eugenio Barba und Iben Nagel Rasmussen.

Michel Piccoli ist mein idealer Schauspieler. Er hat eine absolute Offenheit, eine Phantasie, die weiter geht als meine und plötzlich überraschende Ideen, Erfindungen hervorbringt, die die Inszenierung an ungeplante Orte führt. Ich erwarte, daß der Schauspieler mich verblüfft, auch daß er mir widerspricht. Ich erwarte auch, daß er sich von einer Rolle zur anderen verändert und doch eine Persönlichkeit bleibt. Indem er sich entpersönlicht, bildet er seine Persönlichkeit aus. Ich erwarte schließlich, daß er bei aller Grazie und Eleganz in den Zuschauern, vor allem in mir, dem ersten, privilegierten Zuschauer, Gefühle hervorruft. Der Regisseur ist ein verborgener Exhibitionist, der sich vom Schauspieler vertreten läßt, beide bewegt derselbe Trieb.

Ein großer Schauspieler läßt sich mit einem großen Virtuosen vergleichen. Es kann Schauspieler wie Glenn Gould, wie Horowitz, wie Serkin geben … Ich mag die großen Virtuosen: Sie stellen sich in den Dienst des Werks, und bei aller Beherrschung ihrer Kunst haben sie Nerven und extreme persönliche Gefühle.

ZEUGNISSE

Wim Wenders

Sein Theater hat viel vom Kino aufgesogen, fast mehr als von der Theatertradition. Seine Filme dagegen sind noch zu sehr dem Theater verhaftet. Deshalb finde ich sie so persönlich.

Wim Wenders, Filmemacher

Ricardo Cavallo

Als ich mit ihm arbeitete, verlangte er von mir viel Raum. Er braucht das.

Ricardo Cavallo, Maler und Bühnenbildner von *Ein heißes Herz* (Ostrowski)

Gilles Aillaud

Er läßt machen. Aber das ist keine Indifferenz. Es ist Freiheit.

Ich schaue zu, ich sage meine Meinung, ich bin auf den Proben anwesend, ich mache Anregungen, aber er hat Hilfe nicht besonders nötig.

Beim Handke-Stück wollte ich Lucs Stimmung malen.

Gilles Aillaud, Maler und Bühnenbildner von *Die Stunde da wir nichts voneinander wußten* (Handke) und *Don Carlos* (Verdi)

Erich Wonder

Von unserer ersten Begegnung an haben wir entdeckt, daß wir in bezug auf Licht und Raum im Theater gleich empfinden. Und wir lieben beide eine entspannte Arbeitsatmosphäre. Über die Jahre haben sich die Mittel verändert, aber die Sensibilität ist die gleiche geblieben. Luc braucht Räume, die für alles offen sind, und er weigert sich, sich strengen Gesetzen zu unterwerfen wie andere Regisseure.

Mit Luc fing ich in den sechziger, siebziger Jahren damit an, nicht mehr eine Dekoration zu beleuchten, sondern mit Licht Räume zu erfinden. Zuerst bastelten wir selbst Lösungen, dann nahm die Beleuchtungsindustrie sie auf. Unser Wege gingen mal auseinander, mal kamen sie wieder zusammen. Ich hoffe, das bleibt auch in Zukunft so.

Es gibt Zeichnungen von Leonardo da Vinci, die zeigen mit äußerster Genauigkeit ein Detail, während der Rest der Zeichnung unscharf bleibt. Etwas davon finde ich bei Luc. Einerseits eine Arbeit von größter Präzision, andererseits die Freiheit des Spielerischen.

Erich Wonder, Maler und Bühnenbildner bei zahlreichen Inszenierungen Luc Bondys

Richard Peduzzi

Wir kennen uns schon seit vielen Jahren. Nachdem ich seine Aufführungen gesehen, viel mit ihm gesprochen und über eine Menge Dinge mit ihm geträumt hatte, wollten wir zusammen arbeiten. Und wir taten es.

Was mich bei Luc fasziniert, ist die Farbe, die er dem Text gibt, der intellektuelle Raum des Werks, den er fassen will. Mit ihm, wie auch mit Chéreau, spreche ich mehr über Malerei als über seine Vorstellung von Theater.

Ich dränge nichts auf. Ich schlage, von seinen Ideen ausgehend, etwas vor, und dann treffen wir uns und sehen, wie wir sein Universum mit meinem verbinden können. Es interessiert mich nicht, mich dem Willen eines Regisseurs zu beugen. Ich versuche den Verbindungspunkt zwischen zwei Gedankenwelten zu finden, zwischen zwei Blickwinkeln, kurz: die Begegnung. Nur so, wie in Lucs Aufführungen, lebt das Ganze am Ende.

Richard Peduzzi, Bühnenbildner bei mehreren Inszenierungen Luc Bondys

MENSCHEN ZEIGEN,
MIT DENEN MAN AUCH EINEN
KAFFEE TRINKEN WÜRDE ...

Luc Bondy: In den Texten, die ich als junger Mensch schrieb, passierte zuviel. Sie waren zu theatralisch, im Theater gibt es gewöhnlich eine Menge zu sehen. Heute passiert im Kino zuviel. Umgekehrt besteht im Theater die Gefahr, daß nichts passiert ... das mag ich auch nicht. Das heutige Schreiben basiert nicht mehr auf einer Abfolge starker, sichtbarer, umwälzender Ereignisse, darin ist Handke ein Meister: Seine Texte sind reich, ohne daß es ein äußeres Geschehen gibt. Oft, in Kriminalromanen zum Beispiel, sind die Ereignisse überflüssig, und wenn ich sie lese, interessiert mich nicht die Spannung, sondern das Klima. Sie gefallen mir, wenn ich sie wie ein Stück von Ibsen lesen kann, bei dem sich die Ereignisse aus einer bestimmten Atmosphäre ergeben.

In meinen Anfängen war jede Erzählung ein kleines Theaterstück. Heute, wenn ich eine Inszenierung mache, geschieht das Umgekehrte: Wenn das Projekt von Anfang bis Ende gut funktioniert, erscheint mir die Aufführung wie ein langer Text, als ob ich das inszenierte Werk schriebe. Ich versuche, unter dem Text oder mit ihm zu atmen. Das ist anstrengend, aber wenn ich es schaffe, fühle ich mich nicht frustriert, denn dann weiß ich, daß ich an gute Energien herangekommen bin. Das mag aus meinem Mund überraschend klingen, aber ich wiederhole es: Der Erfolg hängt vom Vorhandensein guter Energien ab, wie man sie zum Beispiel in einem Satz von Tschechow findet.

Georges Banu: *Die Entscheidung, welchen Text sie inszenieren, stellt die Regisseure vor Probleme: Sie kreisen um verschiedene Stücke, bis sich bei einem das Interesse kri-*

95

stallisiert, nehmen ein Angebot an oder suchen anderswo weiter, in der Literatur außerhalb des Theaters oder in nicht-literarischen Texten.

Ich habe Mühe, Stücke zu lesen, vor allem, mich zu entscheiden. Ja, das Komplizierteste ist die Wahl. Man muß sortieren können. Ich habe begriffen, daß mir ein Stück nicht einfach nur gefallen muß, damit ich es inszeniere. Ich muß eine tiefere Thematik finden, eine Geschichte hinter der Geschichte, die sich bei der bloßen Lektüre bietet. Wenn ich zum Beispiel überlege, ein Stück von Horváth zu inszenieren, der ein außergewöhnlicher Autor ist, sage ich mir, eigentlich hätte ich Lust, vier zu inszenieren, aber ich werde nie vier inszenieren ... Es ist jedesmal eine große Ungewißheit, aber wenn die Entscheidung einmal gefallen ist, kristallisiert sich die ganze Theaterlust für mich in dem Stück, an dem ich arbeite. Das ist der Sinn des Satzes, den ich dir einmal gesagt habe: »Die Wahrheit ist da, wo ich bin.« Wenn die Aufführung fertig ist, ist alles vorbei: Ich wende mich einem anderen Werk zu, und alles beginnt von vorn.

Man könnte es als eine Kette von Leidenschaften sehen, analog der von Don Juan, bei dem jede Eroberung nicht auf Simulation, sondern auf tatsächlich empfundener Leidenschaft beruht. Ihre Dauer ist begrenzt, sie weicht einer anderen, ebenso intensiven.

Vorausgesetzt, die Bewegung hört nicht auf.

Die Lücken sind ja auch aussagekräftig und bilden so etwas wie eine Linie. Warum trennst du so sauber zwischen epischer und Theaterliteratur? Warum fühlst du dich überhaupt nicht dazu hingezogen, einen nicht-theatralischen Text zu adaptieren?

Das stimmt, ich müßte mich einmal daranmachen. Wenn ich es noch nicht getan habe, dann deshalb, weil ich mir gesagt habe: Wenn ich dazu Lust habe, mach ich besser Film. Und außerdem gibt es so viele schöne Stücke. Die Komödien von Shakespeare ... *Wie es euch gefällt, Was ihr wollt.* Ich mag das Repertoire zu sehr.

In welchem Maß läßt du dich bei der Arbeit an einem Stück auf Umwege ein, die dich möglicherweise vom ursprünglichen Projekt entfernen?

Es ist wichtig, die innere Landschaft eines Stücks zu erfassen. Für *Das weite Land* hatte ich zum Beispiel notiert: »Atem, Hitze, Sommer«. Das ergibt ein Ganzes, verknüpft die Fäden und läßt gleichzeitig die verborgenen Schichten hervortreten. Ja, die innere Landschaft ist wesentlich, der Regisseur muß sie erspüren und ihre szenische Umsetzung erfinden. Dabei sollte er nicht nur dahin kommen, was im Text steht, sondern auch was der Text andeutet.

Ich stelle mir nicht nur eine künstlerische, sondern auch eine entdeckerische Aufgabe, und es passiert mir manchmal, daß ich von einer augenscheinlich gelungenen Inszenierung enttäuscht bin, weil ich den Eindruck habe, ich hätte nicht genug entdeckt. Ich möchte nicht nur herausarbeiten, was mich ursprünglich interessiert hat, ich bleibe wachsam für Überraschungen im Stück, die mir sagen: »Du gehst immer den gleichen Weg, versuch jetzt einmal einen anderen.« Solche unvorhergesehenen, nicht geplanten Umwege versuche ich ständig zu gehen.

Zwischen dem, was man sich ursprünglich vorstellt, und dem, was dann geschieht, gibt es immer einen Abstand, und das Geheimnis besteht darin, nie eng zu werden, um ständig für Überraschungen offen zu bleiben. Die beste Art zu inszenieren wäre, ein Projekt vollständig im Kopf zu haben, um es dann bei den Proben zu vergessen und sich ganz woandershin bringen zu lassen. Doch gleichzeitig weiß man, daß das, was man sich vorgestellt hat, nicht gänzlich verschwinden kann. Der Erfolg hängt von der Alchimie ab zwischen dem, was man schon wußte, und dem, was man entdeckt.

Es ist ein Prinzip von dir, daß du das eindeutige Zentrum der Aufmerksamkeit in einem Stück nicht auch noch hervorhebst.

Das ist genau das Problem der Regie, weil man sonst große Möglichkeiten verspielt. Beim Inszenieren entsteht Poesie vor allem aus dem Mut, nicht der Logik des Erzählens zu folgen, was nicht heißen muß, daß man sich absichtlich auf zufällige oder gegenläufige Pfade begibt ... Manchmal bewirkt eine Verschiebung des Blickwinkels, daß unvorhergesehene Aspekte ihr eigenes Leben bekommen, und verhindert, daß man die Aufmerksamkeit auf das konzentriert, worauf jedermann ohnehin gefaßt ist. Dabei kommen Zonen zum Vorschein, zu denen mittelmäßige Regisseure nie gelangen.

Das heißt nicht, die Stücke zum Explodieren zu bringen, gegen diesen Narzißmus bin ich, ich ziehe es vor, die Stücke zu mögen. Das erlaubt mir, sie zu erkunden und zu entdecken, was sie verbergen. Was zählt, ist nicht, was ich im voraus plane, sondern was ich entdecke.

Besonders bei historischen Stücken setzt das eine umfängliche wissenschaftliche Vorarbeit voraus. Wie hältst du es damit?

Ich bin ein ewiger Autodidakt. Deshalb trifft man mich immer beim Lesen. Die Neurose des Autodidakten besteht darin, zu glauben, er müsse, um etwas zu begreifen, immer ganz von Anfang an beginnen. Er beginnt ständig von Anfang, ohne genauen Plan oder ohne klare Perspektive. Für die Inszenierung von Verdis *Don Carlos* wollte ich, ganz Autodidakt, alles lesen. Eine Biographie von Verdi, aber welche? Die Geschichte des Hauses Habsburg, das Funktionieren der Inquisition, das Leben der Gräfin Eboli? Wie auswählen? Schließlich habe ich entschieden, nicht zu wählen und überall ein bißchen herumzulesen, was mich interessierte. Ich bin gegen ein wissenschaftliches Herangehen, es langweilt mich rasch und ist dann nicht produktiv. Wenn ich merke, ich gehe wieder zur Schule, revoltiert mein autodidaktischer Geist. Außerdem kann ich es auch gar nicht, es schreckt mich ab. Ich habe nie eine erschöpfende Forschung über Philipp II. und seine Politik betrieben: War er ein Despot oder nicht, war es unbedingt notwendig, die Flamen zu unterdrücken, die einzige Möglichkeit, das Reich zusammenzuhalten, wie einige Historiker meinen? Man kann, *ich* kann eine Inszenierung nicht mit einem Wissen machen, das ich mir gerade angelesen habe und das wenig offen für die Phantasie ist. Nur Assoziationen, die von der Geschichte ausgelöst sind, helfen mir wirklich bei der Arbeit, ohne daß man sie gleich szenisch umsetzen muß. Es bringt mir zum Beispiel etwas, wenn ich lese, daß der Herzog von Eboli, als Carlos schwer krank war, einen heiliggesprochenen Mönch ausgraben und ihn Carlos zum Gesundwerden eine Woche lang ins Bett legen ließ.

Das ist reiner Goya ...

Das ist Futter für die Phantasie, auch wenn ich das nicht inszeniere. Man versteht, was das Wort »Religion« bedeutete. Ein anderes Beispiel ist die Festnahme von Carlos, in die Philipp II. nach schmerzhaften Skrupeln einwilligt. Er kann sich mit der Geisteskrankheit seines Sohnes nicht abfinden, empfindet darüber einen wahnsinnigen Schmerz, und gleichzeitig ist es ihm peinlich, es den anderen Habsburgern zu erklären, die sich wegen der Gründe der Festnahme beunruhigen, weil der König alles tut, sie nicht wie die Konsequenz eines mißratenen politischen Putschversuchs aussehen zu lassen. Den Bericht über Carlos' Festsetzung mag ich sehr, er ist erstaunlich: Nachts sperrt man ihn plötzlich in sein eigenes Zimmer ein und macht es zum Gefängnis. Diese schrecklichen Szenen geistern durch meine Phantasie, und wenn ich die leere Bühne von Gilles Aillaud anschaue, kommt es mir vor, als hätte ich sie mir selber ausgedacht. Für mich ist dieser Beruf ein außergewöhnliches Glück, denn während ich ein Stück inszeniere, kann ich unheimlich viel darum herum träumen. Und gleichzeitig weiß ich, daß ich die Träume nie ausschöpfen kann.

Man kann nichts vollständig konservieren, auch nicht mit den neuen Techniken der Aufzeichnung, weil dann doch der Kontext fehlt. Man kann die Vergangenheit nicht konservieren, aber man kann sie träumen. Ich bin nicht wie Stein, der einen Vergangenheitsraum konstruiert, in dem er die geschichtlichen Ereignisse zu begreifen versucht. Das ist spannend, aber es ist Science-fiction, nicht vorwärtsgerichtete, sondern rückwärtsgerichtete Science-fiction.

Stein sieht sich heute in der Perspektive der Geschichte, auch der Theatergeschichte. Er will alles über die früheren Aufführungen eines Stücks und ihre verschiedenen Ausdrucksarten herausfinden. In so einer Perspektive kann ich mich nicht sehen, ich glaube nicht an diese Kontinuität, sie hat etwas Stillstellendes, Logisches, Unbewegliches. Meine Perspektive ist die schräg von der Seite, von wo ich wie durch einen Schlitz in die Welt und in die Vergangenheit schaue.

Was wäre da der Unterschied zu der berühmten und viel gescholtenen Schlüssellochperspektive?

Daß die Tür halb offen ist, durch die ich die Protagonisten beobachte, und daß sie mich vergessen, weil ich ihr Leben nicht störe. Ich schaue und höre ihnen von der Seite zu. Nichts ist frontal bei mir, alles ist schräg.

Dein Interesse gilt nicht so sehr dem, was die Geschichte als Wissen hervorbringt, sondern mehr ihren Fiktionen.

Fiktionen brauchen immer Anhaltspunkte, aber meine müssen nicht zwangsläufig die des Autors sein. Als jemand Unsystematischer suche ich sie überall …

Du kennst die schöne Geschichte vom Liebhaber, der seine Geliebte Leila verloren hat und sie überall sucht, und als man ihn fragt: »Meinst du, du findest sie da?«, antwortet er: »Ich suche sie überall.«

Ja, er geht wie ich nicht methodisch vor, mehr assoziativ. Das ist fruchtbar, ich kann, was ich brauche, in einem Film finden, in einem Bild, in einem Roman … Ich bin weder Lehrer noch Archäologe!

Wozu kann mir eine genaue historische Recherche für eine Inszenierung von *Don Carlos* dienen, wo Schiller aus der Hauptperson einen romantischen Helden gemacht hat, während die Biographen sie übereinstimmend als psychisch krank und geistig debil beschreiben? Und der Marquis Posa, der revolutionäre Tiraden von sich gibt, ist er nicht eine anachronistische Figur? Man hat das Schiller übrigens vorgeworfen, und er hat dem entgegengehalten, alle obskurantistischen Epochen hätten Rebellen wie Posa hervorgebracht. Er hat recht, es ist eine virtuell mögliche Figur, aber er bleibt völlig erfunden. Ganz zu schweigen von allen anderen Unstimmigkeiten zwischen den Biographien der historischen Personen und den fiktiven Figuren des Stücks. Bücher liest man nicht in erster Linie, um ein Stück zu analysieren, sondern um Details zu finden, von denen aus man assoziieren kann, wie zum Beispiel, daß Carlos ein Autodafé nicht ertrug und daß ihm schlecht wurde. Das beweist, daß er gar nicht so verrückt war. Außerdem kann man Krankheit heute anders sehen als zu Schillers Zeiten, mir scheint Carlos näher an Fürst Myschkin. Schiller hat ihn dumm gemacht, liebeskrank... Oder es bringt mir etwas, zu erfahren, daß die englischen Schiffe in Flammen standen, als sie sich der unbesiegbaren Armada näherten, und die erstarrten Spanier, überzeugt, daß der Himmel das so fügte, untätig blieben. Und außerdem findet man in der heutigen Wirklichkeit noch genug religiösen Fanatismus und Obskurantismus wie am spanischen Hof. Ich muß der Geschichte nicht künstlich eine Aktualität aufdrücken, ich kann sie in ihrer ganzen Komplexität belassen.

Zu deiner Leila-Geschichte fällt mir übrigens noch eine andere ein: Einer hat seinen Schlüssel in der Rue Lepic verloren und sucht ihn auf dem Boulevard des Batignolles. »Warum suchst du ihn hier?« fragt ein Freund. »Weil hier Licht ist.« Dieses Prinzip benütze ich auch gelegentlich. Wenn ich ein Stück vorbereite, wird nie ein völlig festzementiertes Projekt daraus, ich bin, mit Lévi-Strauss gesagt, ein Bastler...

Er unterscheidet zwischen dem Ingenieur, der einen genauen Plan systematisch umsetzt, und dem Künstler, der unbestimmter verfährt und sich mehr von Zufällen leiten läßt.

Darin erkenne ich mich völlig. Es gibt Ingenieure des Theaters, aber zu denen gehöre ich nicht.

Trotzdem gibt es das Moment der Fertigkeit, das den Regisseur dem Handwerker annähert...

Ich sehe es so: als Regisseur arbeitet man handwerk-

102

lich. Man schürft nicht ständig in der Tiefe. Man muß arbeiten wie Swann, der es nicht erträgt, daß man von essentiellen Dingen redet. Er flieht sie. Das Essentielle erreicht man nur per Zufall, nicht wenn man darauf aus ist. Solche Regisseure beengen mich, ich habe dann den Eindruck, das Theater wird zu monumental, und der Humor macht sich davon. Theater hat auch mit Humor zu tun.

Meistens möchte das Theater die Vergangenheit gegenwärtig machen, sie aktualisieren, im geistigen und nicht nur im historischen Sinn.

Es gibt Aktualisierungen, die davon ausgehen, daß wir komplette Idioten sind und man uns sagen muß: »Das ist wie heute.« Ich mag das nicht, Aktualisierung heißt nicht, uns autoritär eine Sicht aufzunötigen, sondern Assoziationen zur Gegenwart herzustellen. Nur so finde ich sie legitim am Theater.

Wenn man an Shakespeare denkt, muß man zugeben, es gibt keinen Grund, ihn nicht von der Renaissance und vom elisabethanischen Stil loszulösen. Es gibt keinen Grund, sich nicht frei zu fühlen! Was ich beklage, ist das voluntaristische Herangehen, das sich nicht Rechenschaft über die Besonderheit bestimmter Werke gibt. Ich bin sicher, nicht alles läßt sich unterschiedslos aktualisieren. Es ist absurd, jedesmal zu behaupten: »Das ist wie heute.« Statt von Aktualisierung zu sprechen, würde ich etwas weniger autoritär sagen: Man sucht Entsprechungen in der Gegenwart.

Es gibt eine Modernität der Klassiker, die es verdient, entdeckt zu werden. Nehmen wir zum Beispiel *Macbeth*: Macbeth ist ein schwacher Mensch. Seine Frau baut ihn zu einer falschen Stärke auf. Er selber zögert, er zögert wie Hamlet. Die Gewalt und der Terror kommen bei ihm aus einer extremen Schwäche, aber durch die Tat wird er zum Philosophen, zum besessenen Intellektuellen. Nun kann man sich fragen, was heute interessanter ist, das Thema des politischen Mords oder das der Sterilität. Lady Macbeth kann keine Kinder haben ... und dieses Thema, scheint mir, greift tiefer. Es rührt ans menschliche Leben. Das finde ich reicher als irgendeine Aktualisierung vom Typ Johnson/Kennedy, wie sie in den sechziger Jahren gängig war. Mit den Hintergründen von Attentaten befaßt sich das Fernsehen. Die Abirrungen des Menschlichen gehören auf die Bühne, aber nicht konkret, nicht grob. Das hat Zadek gezeigt, als er den *Kaufmann von Venedig* an die Wall Street verlegte. Das hat die Figur neu beleuchtet, man kann sich ja fragen, wie man Shylock heute behandelt. Es gab je nach Epoche verschiedene Arten, Ernst Deutsch zum Beispiel hat aus ihm den edlen Juden gemacht, wie ihn die schuldbewußten Deutschen sehen wollten. Den großen Regisseur Fehling hat das veranlaßt zu sagen: »Er spricht von den Zahnschmerzen seines Volkes, nicht von seinem Schmerz.« Zadek dagegen hat aus Shylock einen verschlossenen Misanthropen gemacht, einen Meister der Finanzwelt. Das war ein Anachronismus, aber gleichzeitig war die Figur sehr lebendig.

Als du Borkman inszeniertest, hast du mir gesagt, du suchst keine Parallele zu Maxwell und seinem Sturz, der ja erstaunlich dem Bankrott des Giganten von Ibsen gleicht.

Ich beschäftige mich leidenschaftlich gern mit Monstern, mit Citizen Kanes, die im Theater des ausgehenden 19. und beginnenden 20. Jahrhunderts ja häufiger vorkommen als in dem von heute. Borkman erinnert an Wotan oder an Hofreiter in *Das weite Land*. Durch eine merkwürdige Verkettung der Umstände bin ich in dem Moment auf *Borkman* gestoßen, als die Maxwell-Affäre überall auf den Titelseiten war. Aber ich habe keine direkte Beziehung zwischen dem Text und dem Kontext herzustellen versucht. Mich interessiert es, den Schwankungen im Menschen nachzuspüren, und ich vermeide grobe Etikettierungen und den Faustschlag ins Gesicht des Zuschauers, das besorgt ja täglich das Fernsehen.

Trotzdem gebe ich zu, eine Affäre wie die von Maxwell ist ein Anreiz, *Borkman* zu inszenieren. Was mich aber weniger aufregt, ist zu sagen: »Er ist wie ...« Lieber konzentriere ich mich auf die Differenz. Ich glaube, wir sind nur allzu sehr gewohnt, statt Differenzen Analogien zu suchen. Vergleiche über den Umweg von Differenzen können sehr produktiv sein, während der Vergleich über Analogien gewöhnlich zu tautologischen Schlüssen führt. Durch Analogie wendet man auf die im Werk gegebene Situation eine zeitgenössische Erfahrung an, und dann ruht man sich aus. Die Differenz dagegen trennt die beiden Begriffe und erhält das Denken dynamisch.

Die meisten Inszenierungen von Peter Sellars benützen Elemente des zeitgenössischen Lebens, um die Werke zu aktualisieren und sie einem Publikum näherzubringen, das auf der Bühne ihre Aktualität erkennen möchte.

Ich schätze seine Arbeit sehr, aber er bestätigt meine Überzeugung, daß die wesentliche Frage, wenn man an einem klassischen Text arbeitet, das Problem der Äquivalente ist. In *Don Giovanni* zum Beispiel macht Sellars aus Donna Anna eine Heroinsüchtige. Ich glaube, das ist ein Irrtum, man kann die Annäherung an die Gegenwart nicht durch ein schnelles »Das war wie heute« lösen, durch den simplen Rückgriff auf die Äquivalenz. Die Menschen, die Lebensläufe gleichen sich nicht systematisch, sie können sogar total differieren. Aber ich muß zugeben, für den, der an einem alten Stück arbeitet, ist es immer angenehm, sich auf etwas Zeitgenössisches zu stützen, statt zu fragen, welches damals die Wahrheit einer Situation war. Was man auch tut, es wird in jedem Fall nur eine Abstraktion sein, denn die Gegenwart entspricht nicht der Vergangenheit, sie entspricht nur sich selber.

Das Bedürfnis, die Vergangenheit der Gegenwart anzupassen, erklärt sich durch das dürftige Wissen, über das wir verfügen. Doch sollte man nicht vergessen, was es für eine Verarmung bedeutet. Zur Verdeutlichung muß man sich nur vorstellen, ein zeitgenössisches Stück von Pinter oder Koltès würde in zweihundert Jahren aktualisiert. Man muß das gar nicht einmal für einen Fehler halten, doch es ist schwer vorstellbar. Andererseits gebe ich zu, man braucht Elemente, um das Zeitgenössische zu evozieren. Das Genie von Dreyer besteht darin, daß er in *Die Passion der Jeanne d'Arc* für den fiesen Bischof ein zeitgenössisches Gesicht genommen hat, das dem Klima der Epoche einen Realismus gibt. So empfinden wir Jeannes Schmerz stärker. Was mich interessiert, ist genau diese subtile Arbeit am Körperausdruck, die Stein gemeint hat, als er sagte, die Alten hätten einen bestimmten Körpertypus, den man beim modernen Menschen nicht mehr findet. Das trifft auch auf die Renaissance zu, als die Menschen kürzere Beine hatten und Pluderhosen trugen ... Das Problem ist sehr schwer lösbar, der Körper wird heute anders wahrgenommen.

Man kann die aktuellen Codes nicht ganz aussparen. Das Theater kann sich nicht abkoppeln von der Art, wie seine Zeitgenossen sprechen und sich bewegen.

Das Theater ist eine Mischung von Dingen, es ist zusammengesetzt. Wie soll man Vergangenheit und

Gegenwart verbinden? Haltungen sind mit dem Mobiliar und der Lebensart einer Epoche verbunden, doch gleichzeitig muß man einsehen, es gibt bestimmte Kostüme, die man heute nicht mehr auf die gleiche Art benützen kann. Man muß sich die Bilder der Epoche anschauen, beim *Einsamen Weg* habe ich die Schauspieler zum Beispiel angehalten, den Brustkorb herauszudrücken, die Militärs benützten das beim Promenieren und Paradieren als Mittel der Verführung. Welcher Militär will sich heute noch zur Schau stellen? Im Gegenteil, er will sich eher verstecken. Das alles läßt sich an der Körperhaltung ablesen. Im Theater kann man von bestimmten Haltungen aus andere erfinden. Diese Arbeit ist künstlerisch interessanter als die fixe Aktualisierung im Bühnenbild oder im Kostüm.

Ziel sollte sein, die Vergangenheit gegenwärtig zu machen, indem man die Texte erforscht, und nicht, indem man sie künstlich aktualisiert. Warum? Bei Shakespeare oder Marivaux besteht das Vergnügen darin, daß sich Vergangenheit und Gegenwart in ihrer Bedeutung verwischen. Was die Figuren verhandeln, ist von damals und von heute. Das bestätigt sich bei Autoren wie Beckett, der eine Vision über die Gegenwart hinaus hatte.

Die Vergangenheit kommt immer wieder an die Oberfläche, zu Teilen bleibt sie verschüttet. Jeder hat eine Leiche im Schrank, und in einem bestimmten Moment verplappert er sich. Diese Situation fasziniert mich. Und deswegen denke ich oft, die Zeit ist die wichtigste dramaturgische Triebkraft.

Wie behandelst du die Texte bei ihrer Umsetzung vom Buch auf die Bühne, was ja auch eine Verwandlung von Vergangenheit in Gegenwart ist? Sind die Texte für dich eine Einheit oder nimmst du Eingriffe vor?

Das hängt davon ab, ob es ein Originaltext oder eine Übersetzung ist. Ich gehöre nicht zur Kategorie der Regisseure, die die Originalgestalt des Textes verteidigen. Dieser Respekt interessiert mich nicht, aber ich gehe auch nicht hin, wie man es in den sechziger Jahren getan hat, und schiebe fremde Materialien ein oder strukturiere den Originaltext um. Weder Fetischisierung noch Zertrümmerung des Textes. Botho Strauß hat einmal zu mir gesagt: »Da hast du meinen Text. Ich habe ihn geschrieben, jetzt mach daraus, was du willst.« Diesbezüglich habe ich nur eine einzige schlechte Erfahrung gemacht, und zwar mit Edward Bond, als ich *Sommer* inszeniert habe. Ich habe nichts gestrichen, aber ich habe ihm einen Brief geschrieben, ich fände bestimmte Aspekte zu doktrinär, und habe ihn gefragt, ob er nicht darüber nachdenken könne. Er war sehr verärgert, als Marxist hatte er für alles eine Erklärung, und er schrieb mir, am Stück dürfe nichts angetastet werden. Ich hatte ihn darauf aufmerksam gemacht, daß die Figur des Deutschen auf ein grobes Klischee reduziert war, was ich, da ich ja immerhin in Deutschland lebte, besser beurteilen konnte als er. Nein, er wolle es so, es käme nicht in Frage, etwas zu ändern, hat er zurückgeschrieben.

Bei Shakespeare ist es leichter. Aber ich streiche nie aus anderen Gründen als denen der Länge.

Eine andere Technik des Streichens besteht darin, bestimmte Passagen weniger auszuinszenieren oder überhaupt unbearbeitet zu lassen. Erich Wonder erkennt das bei dir, und er vergleicht es mit dem Reiz bestimmter Leonardo-Zeichnungen, auf denen einige Partien genau ausgearbeitet, andere fast jungfräulich sind.

Ich träume immer davon, aber man kann es nicht wirklich bewußt machen. Gewöhnlich versucht man den ganzen Text zu inszenieren, und höchstens jemand wie Zadek konzentriert sich nur auf die Stelle, an der er obsessiv interessiert ist. Man spürt dann, daß ihn die anderen Aspekte weniger interessieren. Wie in *Kaufmann von Venedig*, wo er die Beziehung zwischen Shylock und den Gojim inszenieren wollte, während er an den Liebesbeziehungen uninteressiert war. Den Mut habe ich nicht immer gehabt.

In der Inszenierung von *Macbeth* habe ich mich, wie schon erwähnt, eigentlich nur für den Teil bis zur Ermordung König Duncans interessiert, da hätte ich aufhören sollen. Meine Ausgangsidee war, Macbeth und die Lady gleichen nach dem Mord Adam und Eva, die aus dem Paradies vertrieben sind. Im Mittelalter, habe ich gelesen, schliefen König und Königin trotz Kälte nackt in getrennten Betten. Als sie bei mir zur Ermordung Duncans aufbrachen, hüllten sie sich in Laken, um sich zu schützen und ihre Nacktheit zu verbergen. Bei der Rückkehr war Macbeths Laken blutig, als hätte er seine Frau ein zweites Mal entjungfert. Die Lady berührte dann sein Laken, und so wurde sie von Duncans Blut »angesteckt«. Es war das Blut von einem wundertätigen König, und ich hatte gerade in einem Buch gelesen, die Ermordung eines wundertätigen Königs wog schwerer als ein einfaches politisches Verbrechen. Es war ein religiöses Verbrechen, deshalb der Aufstand der Natur. Aus Abhandlungen über Dämonologie und Zauberei, die ich damals las, lernte ich, weshalb Macbeth nach dem Mord zum Philosophen wird. Wenn er Banquo trifft, sagt er außerdem einen Satz, der mir heute noch im Gedächtnis ist: »Full of scorpions is my brain.« Das ist ungeheuer konkret, man könnte nichts Stärkeres finden für das geistige Chaos, das das Verbrechen angerichtet hat. Das zeigt, daß man von einem bestimmten Punkt an Shakespeare nicht mehr interpretieren, sondern nur noch einzelne seiner Sätze zitieren sollte. Doch ich habe nicht gewagt, mich auf diesen Aspekt zu beschränken, den einzigen, der mich interessiert hat, und ich habe den Rest dann lustlos, deutlich weniger gut, auch noch inszeniert. Er war mir fremd, und das hat man gesehen.

Du verteidigst den Eklektizismus und das Bedürfnis, die Genres zu wechseln. Was unterscheidet so einen Künstler von einem, der bloß auf Aufträge reagiert und sich ohne erkennbare Richtung beliebig vom Strom treiben läßt?

Ich bin gegen den Kult des allgegenwärtigen Autor-Regisseurs. Ein großer Regisseur muß über die Eigenschaft eines Chamäleons verfügen, ohne daß er seine Persönlichkeit einbüßt. Er muß in das Universum eines Schriftstellers eindringen und aus einer Welt auf dem Papier eine gegenwärtige, lebendige schaffen, egal ob von Labiche oder Ionesco, Shakespeare oder Horváth. Ich mag jemand wie John Huston, der hintereinander Western, Kriminalfilme, Filme über die Mafia, Filme nach Joyce gemacht hat, als ob es jedesmal sein intimes Tagebuch wäre. Huston ist ein authentischer Eklektiker. Er ist groß, weil er durch und durch ist, was er ist. Er gehört zur Kategorie der »authentischen Unauthentischen«. Das Schlimme sind die falschen Authentischen.

Es ist immer aufregend, das Genre und den Stil zu wechseln. Da gebe ich Zadek recht, der die Engländer für freier hält und, von ihnen geprägt, meint, man könne hintereinander *Glückliche Tage*, ein Boulevardstück, eine Bearbeitung von Platon und einen Text von Tschechow machen. In Frankreich gibt es einige Tabus, die ich blöd finde: Man unterscheidet zu stark zwischen subventioniertem und Boulevardtheater. Dieses Sektie-

110

rertum ist nicht produktiv, die Spaltung verhindert vor allem die Zirkulation der Schauspieler. Ein guter Schauspieler ist ein guter Schauspieler! Schlecht kann er im Boulevardtheater so gut wie am Stadttheater sein. Das ist ebenso idiotisch, wie wenn bestimmte Boulevardregisseure behaupten, Ibsen laufe nicht bei ihnen. Man muß sich die Qualitäten des Theaters in allen Bereichen nutzbar machen.

Das klingt bemerkenswert undogmatisch und geht von der Vorstellung aus, der Regisseur gehöre auf die Seite des Interpreten.

Es gab eine Zeit, wo sich jeder als Schöpfer vorkam, es genügte, daß du den Kopf von rechts nach links drehtest, und du warst ein Schöpfer. Später hat man wieder korrekt zwischen einem Schöpfer und einem Interpreten unterschieden. Diese Definitionen sind langweilig, aber ich glaube ganz einfach, es ist schwieriger, ein Stück zu schreiben als es zu inszenieren. Der Regisseur bleibt ein Vermittler, auch wenn er nicht nur verbale, sondern auch verborgenere psychische Botschaften vermittelt. Zur Not kann einer lernen, eine passable Inszenierung zu machen. In Deutschland nennt man das »Handwerk«.

Wenn du für eine Regieschule verantwortlich wärst, was würdest du lehren?

Wie man an ein Stück herangeht, wie man untersucht, *was* es erzählt, *wie* es das erzählt und wie man dann herausfindet, was wesentlich ist, was daran interessant sein könnte. Schauspielerführung läßt sich schwer lehren, das hängt von der Begabung des einzelnen ab, den richtigen Zugang zum Inneren eines Schauspielers zu finden, seine Phantasie zu wecken. Man kann Ideen haben, aber sie dem Menschen, der vor einem steht, zu vermitteln, ist etwas anderes. Ein anderes Problem ist es, den Körper des Schauspielers zu begreifen, seine Stimme, seine Art, sich zu bewegen, seine Reaktionen zu erfassen. Wie vermeidet man abstrakte Anweisungen, die sich beim Spielen gar nicht auswirken? Wenn ich eine Schule hätte, würde ich sehr genau zwischen dem zu unterscheiden suchen, was vermittelbar ist, und dem, was nicht. Das würde viel Konfusion ersparen.

Vor allem würde ich einem Regieschüler beibringen wollen, daß Regieführen nicht heißt, jemandem zu erklären, was man sich vorstellt, sondern einen Zugang zu dessen Persönlichkeit zu suchen und herauszufinden, wie man bekommt, was man gerne bekommen möchte. Ihn zu ermutigen, heißt nicht nur, ihn mit einem Haufen Informationen und Ideen einzudecken, sondern ein richtiges Wort zu finden. Ein Schüler muß begreifen: achtzig Prozent der Inszenierung bestehen in der Kunst, jemanden produktiv zu machen, ohne ihm meine eigenen Ideen aufzudrücken. Ich weiß nicht, ob sich das lehren läßt. Aber man kann es zumindest sagen.

Außerdem würde ich einem jungen Schüler klarmachen, daß man sich am Theater Zeit nehmen muß, die Arbeit mit den Schauspielern ist ein langsamer Prozeß, ein schichtweises Vorankommen. Man beginnt immer bei Null. Wie die Schauspieler sich aufeinander beziehen, wie die Gesten die Worte begleiten, wie der Dialog sich entspinnt ... Es führt zu nichts, sich gleich auf die Figur zu stürzen. Das Ziel dieses Berufs ist seltsam, und sie müssen es begreifen: Leben anzuleiten. Der Regisseur ist jemand, der ein Klima herstellen kann. In der Oper bestimmt die Musik das Klima, im Schauspiel muß man es selber schaffen. Worin Regieführen wesentlich besteht, ist jedoch schwer zu bestimmen.

Wenn man mich nach meinem Beruf fragt, und ich sage, ich bin Regisseur, ist es sehr kompliziert zu erklären, was das heißt. Eine Inszenierung ist eine profane Schöpfung, genauer gesagt: Sie imitiert Gott bei der Schöpfung. Der Regisseur schafft ein kleines Universum, er schafft nach, was bereits existiert. Mit Anweisungen wie »Du trittst hier auf«, »Du setzt dich dahin«, »Dort brauche ich solches Licht« schafft er eine Mikrowelt. Der Regisseur ist ein Größenwahnsinniger, doch er weiß auch, daß er andere dazu braucht. Ein einsamer Regisseur hat etwas Tragisches. Deshalb würde ich den Regieschülern sagen, wie wichtig es für den Beruf ist, daß in einem Land starke Ensembles existieren, wie in den sechziger Jahren in Deutschland. Man fühlte sich damals einer bestimmten Kultur zugehörig, die bedeutete, daß es in den Ensembles und auch zwischen ihnen Kommunikation gab. Das bricht nun alles auseinander.

Denkst du deshalb an eine eigene Institution?

Ich suche einen Ort und Leute, nicht so sehr eine Institution, die einen mit Verwaltung und administrativen Problemen auffrißt.

Und was erhoffst du dir von diesem Ort?

Ich möchte im Guckkasten eine Reflexion über die Welt anstellen. Im Grund bin ich, glaub ich, ein traditioneller Regisseur. Ich mag diesen poetischen Raum, diesen Wunderkasten. Ich mag, wenn jemand plötzlich auf der Bühne erscheint und dann wieder verschwindet. Das hat für mich eine Magie. Ich ertrage nicht, wenn jemand ständig da ist und nie verschwindet.

Man betont oft, wie wichtig der Blickwinkel des Zuschauers ist und was er für seine Beziehung zur Bühne bedeutet ...

Im Theater darf der Zuschauer den Kopf nicht heben, er muß die Augen senken können.

Es gibt Regisseure, die erfinden gern eine Figur, nicht unbedingt die Hauptfigur, und bauen von ihr aus das Bühnenuniversum auf.

Das praktiziere ich nicht, für mich baut sich alles von den Beziehungen her auf. Ich finde, die Menschen verändern sich unglaublich, und der Mensch ist immer durch die Beziehung zum anderen bestimmt, er existiert nicht als abgeschlossene, autonome Identität. Er existiert durch den anderen. Deshalb bin ich vor allem anderen an Beziehungen interessiert. Ein Theater mit festen Charakteren regt mich nicht an, ich suche die Schwankungen, die Bewegung. Man kann sagen, der Philosoph in Marivaux' *Triumph der Liebe* verhält sich, weil seine Liebe nicht erwidert wird, wie ein Misanthrop und dazu noch wie ein Tartuffe. Sogar zum Geizigen könnte er werden. Doch er ist nicht durchgehend so. Mich reizt zu zeigen, wie sich eine Identität in der Bewegung durchhält. Harpagon dagegen bleibt, was auch geschieht, der Geizige.

Gewöhnlich schaust du die Figuren nicht von außen an, du spielst nicht den Regisseur-Staatsanwalt, der zynisch-ironisch über sie urteilt und vor allem unentwegt ihre Nichtigkeit vorführt. Dazu zitierst du gern den Satz von Fehling: »Ironie ist eine Angelegenheit für Subalterne.«

Ja, das stimmt. Nichts leichter als das. Stendhal beispielsweise beschreibt schreckliche Figuren, aber es gibt immer einen Aspekt an ihnen, der sie für uns anziehend macht. Jede Inszenierung sollte Menschen zeigen, mit denen man auch einen Kaffee oder Tee trinken würde. Ich meine nicht, man sollte in einem Theaterstück Hitler streichen, weil man mit ihm keine Tasse Kaffee trinken kann, aber wenn er auftritt, wäre es wichtig, daneben eine andere Person zu zeigen, mit der man sich gerne unterhalten würde, eine Person, die

114

irgendein Interesse weckt, ohne daß man sie deshalb zu mögen braucht.

Ich versuche mich nicht hinter den Dingen zu verstecken, die ich tue, ich versuche zu sein, wie ich bin, das Interesse zu zeigen, das ich persönlich für die Leute auf der Bühne empfinde. Ich kann mich nicht für Leute interessieren, denen ich nicht begegnen möchte. Wenn ich ein Theaterstück sehe, frage ich mich, ob ich ein Rendezvous mit den Figuren haben möchte. Das Theater von Jérôme Deschamp amüsiert mich sehr und gleichzeitig irritiert es mich, weil es da keine einzige Figur gibt, die mich wirklich interessiert. Ich mag keine Leute sehen, die man mir ständig wie Kuriositäten vorführt. Sicher, sie bringen mich zum Lachen, aber ich brauche komplexe Menschen.

Manchmal bin ich auch grausam und spöttisch, das hängt aber vom Stück ab. In *Triumph der Liebe* zum Beispiel ist es schwierig, eine grausame Figur in aller Härte zu zeigen, eine Figur, die schon zu sich selber grausam ist, und die anderen sind ihre Opfer. Opfer ihrer Illusionen und ihrer Ideologie: es sind ehemalige Libertins, die sich jetzt im Geiste Rousseaus zurückziehen wollen.

So wie du dich selber nicht außerhalb der Figuren stellst, so verlangst du das auch nicht von den Schauspielern. Im Gegenteil, du sagst oft: »Der Schauspieler muß weniger über die Figur wissen als das Publikum.«

Die Regel muß man beachten, wenn man will, daß zwischen den Figuren auf der Bühne etwas Echtes passiert. Nichts Schlimmeres als eine Aufführung, in der der Schauspieler mehr weiß als das Publikum oder der Autor. Eine »überinterpretierte« Aufführung ist schrecklich.

Stellt sich dir bei der Arbeit an Stücken die Frage nach

115

dem Subtext? Suchst du nach ihm, soll er durch die Schauspieler hervortreten?

Der Subtext ... erst einmal würde ich sagen, das ist die persönliche Angelegenheit des Schauspielers, und erst wenn er sich als unfähig erweist, muß ich ihm dabei helfen. Der Subtext kann nicht auf die psychologische Ebene reduziert werden. Man stößt noch öfter durch ein Bild auf ihn, durch eine Empfindung, einen Eindruck von anderswo, als es der Text vorgibt.

In bezug auf den Subtext rechne ich mich, nach der Klassifikation von Steiner, zu den »Reproduzierenden«, die ihre Lebenserfahrung nicht direkt in die Kunst integrieren können. Trotzdem versuche ich wie ein Talmudist, der immer wieder denselben Text liest, in immer verborgenere Schichten einzudringen. So entdecke ich manchmal eine Geschichte hinter der Geschichte. Wenn eine Wahrheit hervortritt, eine Gnade, dann nicht, weil man alles planiert und aus dem Weg geräumt, sondern im Gegenteil, weil man alles aufgewühlt hat.

Eine Inszenierung ist schön, wenn die Geschichte darunter stimmt und organisch ist, dann kann man die Adern eines Textes verfolgen wie die Adern eines Felsens.

Das setzt eine Arbeit am Ungesagten voraus.

Ja, am Ungesagten, und das Ungesagte hat nichts mit einer Beschreibung zu tun. Es ist nicht die Verdoppelung der Situation. Es ist möglicherweise die Zone zwischen Unbewußtem und Bewußtsein, die Schnitzler »Zwischenbewußtsein« nannte. Bei ihm stößt man oft in diese Zone vor, sie hat ihn interessiert. In diesem Zwischenbewußtsein kann eine umgekehrte Wortfolge ein Geheimnis enthüllen, auch die Artikulation eines Satzes oder die Gestik. Man neigt oft dazu, das »unbewußt« zu nennen, das stimmt aber nicht, das Unbewußte ist undurchdringlicher, schwerer zugänglich, während das Theater aus dem Zwischenbewußtsein enorm viel schöpfen kann.

In Ibsens *Gespenster* beispielsweise weiß man, daß Frau Alving eine kurze Beziehung mit dem Pastor hatte, aber man zeigt das nie. In meiner Inszenierung vertiefen sie sich in die Papiere, und da sie beide Brillen tragen, vertauschen sie sie einmal. Sie schauen sich an, und ohne ein Wort, nur durch das Spiel der Brillen begreift man, daß früher etwas zwischen ihnen war. Solche Lösungen mag ich, die enthüllen, was im Stück drin ist, ohne daß es deshalb ausgesprochen zu werden braucht. Es geht um eine andere Sprache, und manche Zuschauer erfassen und entziffern sie leidenschaftlich gern. Das hat nichts mit einem wie auch immer gearteten Realismus zu tun. Der Realismus kann außerdem eine komplette Lüge sein.

Du suchst einen Realismus der theatralischen Art.

Der poetischen Art ... Es ist eine poetische Realität, die sich, hoffe ich, von einer simplen Kopie der Realität unterscheidet.

Das hindert dich nicht, auf der Bühne zuweilen reale Materialien zu verwenden.

In *Triumph der Liebe* das Wasser, das die Figuren umgab. Gewöhnlich ziehe ich aber Theatermaterialien vor: Holz und Leinwand. In letzter Zeit habe ich gerne mit Materialien gearbeitet, die nicht allzu definiert sind und das Bühnenbild im Undeutlichen lassen. Ich wünsche mir immer leichtere Bühnenbilder, mit schweren kann ich nicht Theater machen, sie ersticken mich.

Wenn du Tätigkeiten inszenierst, läßt du sie immer real, wenn auch nicht übertrieben ausführen.

Es ist immer besser, jemanden zu zeigen, der

tatsächlich Holz sägt, statt daß er in der Luft herumsägt. Ich ziehe es vor, daß die Dinge auf der Bühne real getan werden, natürlich im Rahmen des Möglichen ... Ich bin nicht unbedingt für einen wirklichen Mord.

Wenn Schauspieler deklamieren, um die Intensität eines Zustands glauben zu machen, ist das weniger eine Lüge als eine Naivität, etwas Traditionsgebundenes. Ich habe einen Horror davor, daß einer brüllt, wenn er eine Scheibe Brot verlangt. Ich mag keine unsinnige Energieverausgabung. Die Energie muß immer der Situation entsprechen, nur so kommt man an die innere Kraft heran. Es ist langweilig, alles zu rationalisieren, aber ebenso langweilig, Dampf um des Dampfes willen zu produzieren. Man muß lernen, das Spiel nicht zu »überspannen«, also nicht mit 220 Volt zu inszenieren, wenn das Stück nur 110 erträgt. Das ist mein großes Problem! Meine Gegner sagen, die Stücke sind zuweilen für 220 Volt ausgelegt, und ich inszeniere sie mit 110 Volt.

Ich liebe die Langsamkeit. Ich versuche oft, mich in der Realzeit einzurichten, die Ereignisse nicht zu überstürzen, denn gegen Tempo kämpfe ich genauso wie gegen Energieverausgabung, es hindert uns zu sehen, wie das Leben abläuft. Ich kultiviere die Geduld, dem Leben zuzuschauen. Das hilft den Schauspielern und mir, echte, nicht getrickste Gefühle zu finden. Mein Anspruch an mich ist: auf der Bühne einen Satz mit einem Minimum an Worten und einem Maximum an Genauigkeit zu schreiben. Die Ökonomie der Novelle zu erreichen.

Bei den Schauspielern, die über die Arbeit mit dir sprechen, kommt eine Konstante immer wieder vor: Du tust alles, damit sie sich nicht in der Rolle einrichten.

Es gibt nichts Schlimmeres, als einen Schauspieler

im Radio ein Gedicht lesen zu hören. Das ist für mich das Paradebeispiel für das Sich-Einrichten. Er glaubt, er sei mit der Emotion des Dichters im Einklang, obwohl man das nie ganz sein kann. Schauspieler muß man verunsichern, um die Emotionen lebendig zu halten, sie gerinnen sonst, so wie Blut gerinnt. Das ist schrecklich ... Im Theater Gefühle herzustellen, ist das Heikelste. Sie müssen fließen, sie dürfen nicht starr werden, nur so kann sie das Gedächtnis festhalten. Wenn sie echt und zugleich musikalisch sind.

Was erwartest du utopischerweise vom Schauspieler?

Ein Schauspieler reißt mich hin, wenn ich bei ihm gleichzeitig beide Geschlechter finde. Utopischerweise muß er über die Verletzlichkeit beider Geschlechter verfügen, so wie ein Instrument über alle Möglichkeiten vom tiefsten bis zum höchsten Register verfügt. Ein perfekter Schauspieler kann weiblich empfinden und sich sogar in eine Frau verwandeln, warum nicht, er verwandelt sich ja auch in einen König, der er nicht ist, oder in einen Esel wie im *Sommernachtstraum*. Der Wunsch, im Schauspieler beide Geschlechter zu suchen, ist essentiell. Man kann von dem einen Geschlecht ausgehen und von da aus alles travestieren. Das Ideal des Theaters ist es, daß ein Mensch alles spielen kann.

Häufig sagen die Schauspieler, was sie in der Arbeit mit dir anzieht, sei auch, daß du ihnen die gewohnten Stützen, das, was sie »können«, wegnimmst.

Was sie meinen, ist der schwierige Kampf gegen das Klischee. Man findet es oft im Leben, wenn wir an der Intonation eines Menschen ablesen können, daß es nicht stimmt, was er uns glauben machen möchte. Diese Art von Klischees findet man vor allem in den fürchterlichen Talkshows, diese angeblich intimen Geständnisse und falschen Entblößungen, während alle Welt zuschaut! Solche Momente gibt es auch im Theater, daraus versuche ich sie zu verbannen. Manchmal allerdings kann durch das Klischee auch eine Wahrhaftigkeit entstehen, darin bleibt Horváth ein exemplarischer Autor. Er legt den Personen genau dann charakteristische Kleinbürgersätze, Standardphrasen in den Mund, wenn sie sich am authentischsten vorkommen. Damit macht er sie durchsichtig.

Dein Theater entfaltet sich in der Kontinuität, es ist kein Theater des Bruchs, des gewaltsamen Registerwechsels und der körperlichen Dekonstruktion.

Nur das subtil Erlebte ist im Theater erträglich. Die Wärme der Schauspieler muß spürbar sein, auch wenn sie unangenehme, kalte Figuren spielen. Ich suche die existentielle Intensität und nicht die Übertreibung, nicht die Pose der Weißglut. Ich hole gerne vergessene Momente herauf, erkenne gern Lebensmomente wieder, aber um die zu finden, muß man ihren Rhythmus auf der Bühne verlangsamen. Es ist so selten, daß die Seele von einer Harmonie der Worte erfüllt wird, der gesagten und der ungesagten, und daß sie sich durch Wiederholung in Musik verwandeln. Die Schauspieler müssen so spielen, daß die Aufführung schließlich allein zu leben scheint. Das erreicht man selten. Dazu muß man eine geheime Energie finden, die hinter jedem Augenblick wirksam ist. Wenn alle zusammen als Ensemble vom Bedürfnis zu erzählen durchdrungen sind, verliert sich beim Schauspieler auch das brechtische Bewußtsein von: »Ich spiele Theater.« Und dafür muß man das allerschwerste beim Spielen erreichen: die Kontinuität. Von selbst versteht sich das nicht, denn unser Denken ist fragmentierter, es ist bequemer, auf Bruch und auf Distanz zu spielen.

Beim Film dreht man kurze Szenen, die man dann später montiert, während das Theater eine Verknüpfung verlangt, eine Plansequenz. Manchmal schafft man das von den ersten Proben an. Doch dann braucht man acht Wochen, um diesen Anfangsmoment wiederzufinden. Wie kann man einen Satz auf direkte Art wiederholen? Welche Bewegungen brechen die Kontinuität? Welches sind Klischees? Man muß den Atem finden, der die Erzählung trägt. Wenn er abbricht, ist es ein Zeichen, daß die Qualität sich verschlechtert, daß der Kontakt nicht mehr da ist, daß es auf der Bühne Pannen in der Kommunikation gibt. Das Theater, das ich mag, erzählt eine Geschichte, die hier und jetzt lebt. Wenn ein echter Wille da ist, etwas Neues zu erzählen, wie durch einen Spalt ein Stück Welt sichtbar zu machen, dann bleibt es im Gedächtnis. Frances Yates hat ein sehr schönes Buch geschrieben: *Die Kunst des Gedächtnisses*. Das Theater vergeht auf den ersten Blick und ersteht dann im und durch das Gedächtnis neu, das ist der Zweck des Ganzen. Eigentlich stellt es ein Gefühl, ein Bild, eine Situation vor, nicht komplett, sondern ausschnitthaft. Es ist das Gedächtnis, das es dann komplettiert.

Es wird heute allerdings zunehmend Brauch, das Gedächtnis des Theaters den Aufzeichnungen zu überlassen. Gibt man damit die lebendige Gedächtnisarbeit nicht an die archivarische Konservierung ab?

Zu den Fernsehaufzeichnungen habe ich eine schizophrene Beziehung. Einerseits muß man zugeben, sie bedeuten gegenüber der Aufführung eine große Einbuße, andererseits sind sie finanziell attraktiv. Wie soll man da widerstehen? Wenn eine Aufzeichnung auch immer frustrierend ist, beweisen doch Beispiele, daß man eine Lösung finden kann. *Vanya, 42nd Street*, der

Film von Louis Malle nach der *Onkel Wanja*-Inszenierung von André Gregori ist so eines.

Aufzeichnungen sind brutal und flach. Sie zerstören die Beleuchtung der Aufführung, weil man immer mehr Licht braucht. Dann verfälscht die Montage die Arbeit, denn die Inszenierung ist ursprünglich nicht auf die Abfolge der Aktionen, sondern auf ihre Simultaneität hin konzipiert. Das Theater läßt dem Zuschauer die Freiheit, zu wählen, was er sehen möchte, sich auf eine Ecke zu konzentrieren und die andere zu ignorieren. Die Kamera wählt dagegen einen Ausschnitt und hindert einen zu sehen, was sie nicht aufnimmt. Die Totale entgeht einem ständig. Alles wird verändert. Natürlich kann man von der fertigen Inszenierung aus etwas anderes, Neues entwickeln. Für die Aufzeichnung von *Der einsame Weg*, die ich selber realisiert habe, habe ich die Inszenierung verändert. So blieb etwas von ihr bewahrt, ohne die Illusion zu nähren, man könne die längst abgespielte Aufführung unbegrenzt wiedersehen. Trotzdem bekommt jemand, der später die vom Regisseur selber besorgten Aufzeichnungen sieht, nur eine vage Idee von dem, was die Aufführung einmal war. Alle Empfindungen sind weg, vor allem die intimen, denn Intimität im Theater ist etwas anderes als Intimität im Kino. Im Grunde wechselt man von einer Sprache in die andere.

Theateraufzeichnungen gleichen Ruinen. Um zu begreifen, was die Aufführung war, braucht man die gleiche Phantasie wie bei einem verfallenen Tempel oder einer zerbrochenen Statue. Die Aufzeichnung bietet immerhin das Material, von dem aus man die verschwundenen Inszenierungen träumen kann. Um etwas über ihren Geist und über die Wirkung, die sie seinerzeit hatten, zu erfahren, muß man zusätzlich auf Kritiken und Beschreibungen von Zeugen zurückgreifen.

Man darf nur nicht an die falschen Zeugen geraten.

Die Kontinuität, von der wir sprachen, hat auch etwas mit einem neuen Umgang mit der Zeit zu tun. In der Oper, sagst du oft, wo sie in der Partitur vorgegeben ist, habest du die Wichtigkeit der Zeit im Theater begriffen.

Wenn man mit Regieführen anfängt, fühlt man sich als unumschränkter Herrscher der Zeit, besonders weil man sie nach Belieben ausdehnen kann. Außerdem kann das Schweigen zwischen zwei Worten, wenn die Aufführung stark ist, eine Präsenz kriegen und uns berühren. In diesen Phasen ändert sich der Körperausdruck. Pausen sind wichtig, man könnte einen kleinen Essay schreiben über die Momente, in denen nicht gesprochen wird, beim Inszenieren wie beim Schreiben. Bei Horváth bildet das Schweigen ein Vakuum, das die Menschen für einen Augenblick trennt. Einer hat eine ungeheure Banalität gesagt, und die Sprache scheint aufgehoben: Es gibt nichts hinzuzufügen. Ich denke auch an das sozial begründete Schweigen bei Kroetz, bei dem es die Leere zwischen Menschen ausdrückt, die wenig miteinander reden. Dieses Schweigen spricht ... doch zu oft koppeln Regisseure das Schweigen einfach vom Text ab. In Wirklichkeit spielt sich alles *im* Text genau wie *im* Schweigen ab. Wenn man das nicht schafft, darf man beim Inszenieren nicht Schweigen erfinden. Das ist dann unerträglich, das wird zur Pantomime und drückt. In meinen Anfängen hab ich das selber gemacht, deshalb spreche ich so streng darüber. In der Oper dagegen, wenn ein Sänger *a cappella* unterbricht, braucht er ein Instrument, das ihm den Ton angibt. Im Schauspiel, wenn man im Text hängt und eine Pause macht, geht so etwas nicht, da ist die Anknüpfung schwierig. Das Schweigen ist wie ein Krater. Man wird entweder verschlungen oder entwickelt ungeheure Energien.

Jeder, der zu inszenieren anfängt, verhält sich wie der Herrscher der Zeit. Man spielt gern mit ihr, und naturgemäß dehnt man sie aus. In der Oper, wo es vorgeschriebene Tempi gibt, merkt man, daß man sehr gut mit dem vom Komponisten vorgegebenen Zeitrahmen auskommt. In der Oper kommen Rhythmus und Zeit aus der Musik, im Schauspiel muß man sie *ex nihilo* schaffen. Alles spielt sich zwischen Determiniertheit und Freiheit, zwischen Norm und Vakuum ab. Ich würde die beiden Richtungen gerne vermischen.

Du hast dich nicht für die langen Aufführungen, für die integralen Fassungen erwärmen können, die gegen den Zeittakt des Fernsehens und des amerikanischen Kinos gerichtet waren. Man trat damals in die Welt eines Stückes ein, wie man in einen Roman eintritt, um darin jenseits der standardisierten Zeit unserer Zivilisation ein Reise zu machen, sich zu verlieren und zu vergessen. Man hielt das für die Chance des Theaters, wirkliche Aktion zu werden.

Ich bin von Natur aus lebhaft und habe nicht die Geduld, mir lange Aufführungen anzusehen. Die Erfahrung von Echtzeit im Theater kann man auch machen, ohne solche integralen, meist ja aufgeblasenen Fassungen abzusitzen.

Dabei plädiere ich jetzt nicht aus Gründen der Bequemlichkeit für kurze Stücke. Nein, eine Aufführung kann zwei Stunden, sechs Stunden, ein Wochenende, eine Woche dauern, aber nur unter der Bedingung, daß da eine Energie ist. Fritz Kortner hat Shakespeare-Inszenierungen gemacht, die mehrere Stunden dauerten, nicht aus Eitelkeit, sondern weil sie zur Entwicklung ihrer größtmöglichen Intensität so viel Zeit brauchten. Man muß wissen, was man aus der Dauer macht, wie man sie benützt.

Umgekehrt werden heute mit Vorliebe Stücke immer

schneller gespielt, die in einer Tradition der Zeitausdehnung
stehen, wie die von Tschechow. Schon werden Geschwindig-
keitsrekorde aufgestellt.

Das ist idiotisch, es heißt eine Sache gegen die andere ausspielen. Sicher, man kann es nicht mehr ertragen, wenn die Leute bei Tschechow lange Pausen verstreichen lassen und tränenreich Trübsal blasen, aber
ihnen jede Möglichkeit zur Konzentration auf sich selber zu nehmen, das ist eine andere Sache. Es ist nicht
das Tempo, das einen Echtheitseffekt erzeugt. Das ist
ein Trick, um eine Erneuerung Tschechows vorzutäu-
schen, und zeigt nur die Ratlosigkeit des Regisseurs.

Von den Tschechow-Aufführungen der letzten Zeit ist Auf
der großen Landstraße *von Grüber wohl eine der geglück-*
testen. Seine Theaterarbeit läßt dich nicht gleichgültig, du
hast einen sehr schönen Text geschrieben, um seine Inszenie-
rung von Sechs Personen suchen einen Autor *gegen die*
Angriffe der Kritik zu verteidigen, eine Aufführung, die
Grübers Rückkehr auf die Guckkastenbühne markiert. Wie
würdest du deine Beziehung zu ihm definieren?

Bei Klaus leuchtet das Geheimnis, er ist ein radikaler
Sucher. Mein Theater ist nicht so radikal, es ist unbestimmter. Wenn man es sieht, sagt man: »Das ist
extrem banal, und trotzdem, ganz banal ist es nicht.«
Diese Zweideutigkeit gefällt mir. Ich bleibe gerne un-
klassifizierbar.

Bei Klaus ist es die Stimmung, die zählt. Es gelingt
ihm, alles in eine Stimmung zu tauchen. Manchmal be-
wundere ich diese Beharrlichkeit, manchmal langweilt
sie mich. Wenn eine Stimmung zehn oder fünfzehn
Minuten dauert, dann habe ich das Bedürfnis nach
einer anderen. Grüber hat eine ganz besondere Art, die
Zeit wahrzunehmen.

Klaus besitzt, im poetischen Sinn des Wortes, eine

authentische Naivität. Jeder Moment auf der Bühne, jeder Mensch, jeder Gegenstand, jede Sekunde ist Anlaß für eine Großaufnahme. Er schafft eine Magie. Seine Art, Illusion herzustellen, beruht auf der Fähigkeit, die geringste Kleinigkeit auf der Bühne zum Leuchten zu bringen. Außerdem kann keiner die Mittel der Schauspieler besser »enttheatern« als er.

Grüber fasziniert durch seinen fast mystischen Glauben, Glauben nicht im religiösen oder ideologischen Sinn, sondern Glauben an die Kunst des Theaters. Er glaubt an das, was sichtbar, greifbar ist. Er kann jederzeit die poetischste Nachtstimmung zaubern, indem er die Theateruniversen auf eine sehr merkwürdige Art verrückt. Grüber liebt es mehr als irgend jemand, das Zentrum der Aufmerksamkeit zu verschieben, und so wird das Stück, vielleicht sogar ungewollt, lesbarer.

ZEUGNISSE

Gérard Mortier

Peter Stein ist für mich der Meister, bei dem man akzeptieren muß, daß er einen gelegentlich bestraft. Patrice Chéreau ist der Gott, den man verehrt und der einem von Zeit zu Zeit angst macht. Luc Bondy ist der Freund und Poet. Und mit ihm fühle ich mich am wohlsten. Ich vergleiche ihn oft mit Mozart.

Er geht nicht mit einem genau ausgearbeiteten Konzept an eine Oper heran, er benützt sein Wissen assoziativ. Er entwickelt eine außergewöhnliche Phantasie, gegen die sich die Sänger gelegentlich zur Wehr setzen müssen.

Die ihm eigene poetische Art, Liebesbeziehungen zu analysieren, und seine Angst vor Einsamkeit konnten kein idealeres Betätigungsfeld finden als die Oper. Deshalb habe ich ihm jedesmal Werke vorgeschlagen, die diese beiden Aspekte beinhalten.

Luc hat das Genie, das wesentliche poetische Moment einer Oper zu erfassen und so den wahren Sinn der Musik wiederzugeben. Er entdeckt jedesmal diesen Augenblick, wo alles kippen, alles umstürzen kann, kurz: wo hinter den Worten und den Noten die Wahrheit der Menschen sichtbar wird. Ja, es ist die Wahrheit, die ihn interessiert, und nicht die Anekdote, die er dann auch nicht wie Jean-Pierre Ponnelle stur zu inszenieren versucht. Es gelingt ihm von allen am besten, das Gleichgewicht zu finden; gerade bei anderen Opern als denen Mozarts, wo der Text stärker ist als die Musik, versteht es Luc, der Musik zu ihrer vollen Wirkung zu verhelfen.

Er betreibt nie eine »historische« Arbeit, was ihn zuallererst interessiert, ist der Geist der Epoche. Bei *Così fan tutte* beispielsweise hat er sich von Rokokokostümen entfernt und sich, um die Erotik zu betonen, für Kostüme mit mehreren Schichten übereinander entschieden, wie sie am Ende des 18. Jahrhunderts üblich waren. So wird viel mit dem Wechsel von Über- und Unterkleidern gespielt.

Anders als bei anderen Regisseuren muß man das Ensemble der Sänger, das er braucht, sehr genau auswählen. Ich habe begriffen, daß man ihm keinen Interpreten aufzwingen darf, denn er arbeitet immer mit den Mitteln der Verführung und Einfühlung. Lucs Arbeit kann sich nur in einer komplizenhaften Atmosphäre entfalten.

Gérard Mortier, Intendant der Salzburger Festspiele, davor Direktor des Théâtre de la Monnaie in Brüssel

Stéphane Lissner

In der Arbeit von Luc Bondy verbinden sich eine große Professionalität und ein unerhörtes Talent für die menschlichen Beziehungen. Ich möchte nicht nur das freundschaftliche Klima zwischen dem Dirigenten Antonio Pappano, Luc und mir selber bei den Arbeitssitzungen erwähnen oder die freundschaftliche und vertrauensvolle Beziehung, die Luc zu jedem einzelnen Sänger aufbaut, sondern vor allem die Fähigkeit, in einer unglaublich kurzen Zeit und mit einer rätselhaften Alchimie eine Gruppe zu formen, in der sich Kreativität entfalten kann.

Die Beziehung zwischen Luc und Antonio Pappano war während der langen Monate der musikalischen Vorbereitung zu *Don Carlos* nicht nur intellektuell, sondern auch gefühlsmäßig. Nun ist dieses Niveau des Dialogs zwischen Dirigent und Regisseur bei der Oper unverzichtbar, damit es zu einer Osmose zwischen den musikalischen und szenischen Elementen kommt. Da, wo sonst oft Konflikte herrschen, sorgt Luc für eine ausgeglichene Atmosphäre.

Diese wirkt als Katalysator, der die verschiedenen am Bühnengeschehen beteiligten Persönlichkeiten zu einem gemeinsamen kreativen Schwung zusammenführt.

Ich mag den Künstler Luc Bondy. Seine Anforderungen werden verständlich, wenn man seinen persönlichen Arbeitseinsatz kennt. Luc ist ein brillanter, der Welt und den Menschen aufgeschlossener Intellektueller. Sein Talent gründet auf dieser Humanität.

Stéphane Lissner, Direktor des Théâtre musical du Châtelet, Paris

Dominique Jameux

Was ich bei Bondy großartig finde: Während sich seine Schauspielinszenierungen durch die dem Theatertext innewohnende Spontaneität auszeichnen, findet er als Opernregisseur dort, wo fast bis auf die Sechzehntelnote das Bekannte vorherrscht, zu einer anderen Spontaneität. Bei ihm werden die gängigsten Opern »neu«. Das sind meist Opern, die sich um das drehen, was ich für den Kern von Lucs Arbeit halte: die Beziehung Mann–Frau. Die Begegnung zwischen

Luc und der Oper vollzieht sich auf dem Gebiet der Liebesbeziehung.

Seine Inszenierungen sind nicht extravagant. Er pflegt eine Art Ausgeglichenheit in seiner Beziehung zur Oper. Der musikalische Impuls wird immer respektiert; er bleibt führend. Dabei stützt sich Luc auf die Fähigkeiten der Sänger, denen er durch eine phantasievolle Arbeit die vollständige dramatische Entfaltung ermöglicht.

Der ursprüngliche Impuls kommt bei Patrice Chéreau vom Schauspiel und verbindet sich mit der Musik, während Bondy an erster Stelle die Musik sprechen läßt.

Dominique Jameux, Musikkritiker

DIE OPER IST WIE EINE WUNDER-
SCHÖNE MAITRESSE,
ABER SIE HAT DEN ORGASMUS
VOR DIR

GEORGES BANU: *Du bist ein Regisseur, den die Oper besonders reizt. Deine Zusammenarbeit mit Gérard Mortier, zuerst am Théâtre de la Monnaie und dann bei den Salzburger Festspielen, hat sich als entscheidend für deine Opernarbeit erwiesen.* Così fan tutte, Salome *oder* Der Reigen, *die Oper von Philippe Boesmans mit einem Libretto von dir nach dem Stück von Schnitzler, sind dafür Belege. Kürzlich hast du am Théâtre musical du Châtelet* Don Carlos *inszeniert. Du wechselst ständig zwischen Oper und Schauspiel. Empfindest du ein besonderes Vergnügen an der Oper? Könntest du es formulieren?*

LUC BONDY: Das Vergnügen ist ganz und gar relativ. Die Oper ist immer ein Vergnügen, wenn man an sie denkt, wenn man sie bei den Vorbereitungen allein hört, aber beim Inszenieren ist es dann weniger klar. Manchmal ist das Vergnügen da, doch es hat nichts mehr mit dem zu tun, was man am Anfang empfand. Da gibt es einen großen Unterschied zum Schauspiel, wo der reichste, der offenste Moment, der mich am stärksten hineinzieht, die Proben sind. Bei der Oper ist es immer ein bißchen frustrierend, man kommt schnell voran, das stimmt, und die Orchesterproben sind da, bevor man das Gefühl hat, bereit zu sein, oft weit vorher, und dann ist alles vorbei, denn auch unter den besten Bedingungen, mit hervorragenden Mitarbeitern, baut sich eine Mauer auf. Der Orchestergraben etabliert eine enorme Distanz zwischen dem, was sich oben auf der Bühne als Inszenierung abspielt, und dem, was zwischen dem Dirigenten und den Musikern passiert. Deshalb verlasse ich gern meinen Platz im Zuschauerraum und bin auf der Seitenbühne, um den Sängern, wenn der Dirigent unterbricht, Anweisungen zu geben. Diese schnellen Interventionen haben nicht immer eine große Wirkung, doch so fühle ich mich weniger ausgeschlossen. Im Schauspiel kann man den Schauspielern bis zum letzten Moment nahe sein, kann sie berühren, während einem bei der Oper die Sänger entgleiten, und man ist draußen, es sei denn, man erfindet irgendwelche Tricks, um dazwischenzukommen.

Oper zu machen ist ein anderer Vorgang als Schauspiel. Beim Schauspiel gähnen die Schauspieler am ersten Probentag, in der Oper dagegen heulen die Sänger vom ersten Augenblick an los wie die Wölfe, und man hat das Gefühl, es existiere bereits eine Inszenierung vor der Inszenierung. Bei dieser fängt man an, während man im Schauspiel bei Null anfängt.

Das Repertoire der Stücke, die du im Schauspiel inszeniert hast, erscheint bewußt eklektisch, während das in der Oper eine klarere Kohärenz zeigt. Kommt das daher, daß dir die Direktoren der Häuser entsprechende Vorschläge machen oder daß du dein Terrain klarer abgrenzt?

Sicher beides. Es stimmt, in der Oper formuliere ich genauer meine Abneigungen, ich weiß sicherer, was ich nicht will. Das Schauspiel ist mir immer sehr viel weiter erschienen als das begrenzte Feld der Oper. Und das bestimmt, weil ich immer Opern mit einem guten Libretto und einer guten Musik suche, Monteverdi, Mozart oder Berg. Es gibt sehr wenige Werke, von denen man sagen kann, sie entsprechen diesen zwei Forderungen. Doch selbst wenn mich von Monteverdi *Die Krönung der Poppea* interessiert, weiß ich nicht, was ich mit *Rückkehr des Ulysses* oder *Orpheus* anfangen soll. *Macbeth* von Verdi macht mich trotz der tollen Vorlage von Shakespeare ratlos, denn ich schaffe es nicht, mir die Hexen beim Cancantanzen vorzustellen. Die Musik soll das Libretto nicht nur begleiten, sie soll es transzendieren, wie zum Beispiel bei *Wozzeck* oder *Lulu*, außergewöhnlichen Stücken, die durch die Musik fast zu Mythen der westlichen Moderne geworden sind. Bei *Don Giovanni* geschieht es auch: Die Musik steigert den Text. Was ich suche, ist simpel: *good story and good music.*

Das Problem, das sich jedem Regisseur stellt, ist der Chor. Er muß eine Lösung für ihn finden, wenn er ihn nicht einfach auf die Seitenbühne verbannt.

Ich habe eine Abneigung gegen den Chor, der an Rassismus grenzt, aber ich denke, sie ist gegenseitig. Die Geschichte geht bis in die siebziger Jahre zurück, als ich in Hamburg mit dem Chor arbeitete. Auf den Proben hatte ich die Manie, mit meinen Haaren Locken zu drehen, um mich besser zu konzentrieren, und als ich nach einer Pause zurückkam, sah ich sechzig Menschen, die genau wie ich Locken drehten. Da hab ich mir gesagt: Das ist der erklärte Haß.

Natürlich weiß ich, daß der Chor musikalisch etwas Wunderbares ist. Zum Beispiel *Othello*, der mit dem Chor im Hafen anfängt... und mit intimen Szenen aufhört. Zu meiner Ehrenrettung kann ich sagen, daß ich es war, der den Dirigenten von *Don Carlos*, Pappano, bestärkt hat, das *Lacrimosa* einzufügen, das in der Pariser Produktion herausgenommen war. Das ist eine einzigartige, zum Sterben schöne Chorpassage: die Klage von Philipp II. und Carlos nach Rodrigos Ermordung, die die Inquisition dem spanischen König aufgetragen hat.

Verdi, von der amputierten Version überzeugt, hat das Stück dann im *Requiem* verwendet.

Wie bist du beim Chor an die Sache herangegangen?

Heute liegen die Dinge ja anders ... Es waren etwa achtzig Leute, ich wollte sie ganz allein haben, eine Woche lang und ganz am Anfang. Die Nacht davor hatte ich einen Alptraum: sie waren alle da, aber sie vermehrten sich unaufhörlich. Ist die Bühne dazu da, so vollgestopft zu werden? Furchtbar. Wie kann man mit achtzig Personen auf der Bühne Häßlichkeit vermeiden? Die Bühne ist dafür bestimmt, leer zu sein. So ist sie schön ...

Oder mit Protagonisten.

Ja, man muß den Plural benutzen, ich ziehe ein Ensemble von sechs, sieben Personen einem einzelnen Protagonisten vor. Monologe interessieren mich nicht. Ich beschäftige mich gerne mit Leuten, die sich durch das Beziehungsgeflecht, das ich aufbaue, wechselseitig erhellen. So komme ich in ihr Inneres, und ihre Präsenz auf der Bühne beschränkt sich nicht auf das Herumgeschobenwerden. Sobald Massen auf der Bühne sind, kann man nur noch in Kategorien des Raums denken. Ich kann keine Massen analysieren, sie sind da, sie müssen dasein ... Und außerdem ist es unglaublich schwierig, zu einem Chor zu sprechen! Man muß sich wie ein Politiker verhalten, der beim Sprechen von links nach rechts schaut, um sich die Aufmerksamkeit zu sichern, während ich beim Sprechen geradeaus schaue, weil ich mich auf den Gedanken konzentriere. Wie soll das gegenüber einem Chor von achtzig Leuten gehen? Deshalb revoltiere ich manchmal und stelle ihn hinaus.

Das ist die leichte Lösung, wie manche sagen, eine Art, dem Wagnis aus dem Weg zu gehen.

Kann sein, aber jeder geht das Wagnis ein, das er will. Dieses wird nie meines sein, obwohl ich mich schon daran gewöhne.

Es heißt oft, die Veränderungen, die Schauspielregis-
seure der Oper brachten, hätten sich auf eine Erneuerung
des Bühnenbildes beschränkt und sie nicht in der Tiefe er-
faßt, das heißt bei der Beziehung zwischen Singen und
Spielen. Darauf hast du dich als einer der ersten konzen-
triert, und die meisten deiner Inszenierungen unterschei-
den sich durch die Aufmerksamkeit, die du dem Spiel und
der Plastizität der Interpreten schenkst.

Das ist nicht ganz neu. Walter Felsenstein hat diese
Verbindung von Spielen und Singen schon in den
fünfziger Jahren angestrebt. Ich weiß nicht, was ich
Neues gebracht habe, mal abgesehen von dem Vergnügen, alles in Frage zu stellen, und dem Mut, während der ganzen Arbeit die Stellungen zu verändern,
damit sich die Sänger nicht gleich in einem festen Ar-
rangement einrichten, wozu sie natürlich neigen, um
sich sicher zu fühlen. Sobald man daran etwas ändern
will, bricht für sie alles zusammen, als hätte sich ein
Virus in ihrem PC eingenistet. In der Oper ist mir die
Notwendigkeit von ständiger Konstruktion und Dekonstruktion bewußt geworden. Es ist die einzige
Lösung, wenn man die innere Dynamik der Sänger
erhalten will. So mache ich ihnen nicht nur eine Situation begreiflich, sondern öffne ihre Phantasie auch
für andere, vielleicht unerwartete Hypothesen. Sobald
sie sich diese Freiheit zu eigen machen, fangen sie an,
selber zu agieren. Doch um dahin zu gelangen, muß
man ihnen vor allem helfen, das »Vorfabrizierte« ab-
zustreifen.

In Deutschland, auch in anderen Ländern, landen
Regisseure an der Oper, wenn sie im Schauspiel nicht
reüssiert haben. Mittelmäßig, wie sie sind, arbeiten sie
mit Klischees, die die Sänger schnell annehmen, und
dann haben sie Probleme, sie wieder abzulegen. Bei

Così fan tutte hatte ich eine wunderbare Sängerin mit einer natürlichen Ausdruckskraft, deren Körper aber die Inszenierung von Ponnelle gespeichert hatte und sie während der Arbeit unentwegt reproduzierte. Ihre Bewegungen waren sanft, süßlich, ohne Gewalt, ohne Grausamkeit. Alles war schon da ... Da habe ich mir gedacht, es könnte auch eine Chance sein, denn so mußte ich alles zerstören: ihre Art zu gehen, ihre falsche Grazie, die pleonastische Unterstreichung der Musik durch den Körper. Die erste Arbeit besteht darin, die physischen Klischees abzubauen. Der Sänger hat als Schauspieler ja die außerordentliche Chance, daß ihn die Emotionen der Musik erfüllen und ihn organisch zu einem Ausdruck führen. Dafür muß er allerdings seine Reinheit, seine Unschuld wiederfinden. Dahin möchte ich ihn bringen ... Doch kaum habe ich den Hauptteil der Klischees weggeräumt, sind die Proben zu Ende. Den Rest, sagt man sich immer, hebt man fürs nächste Mal auf. Sobald die Orchesterproben anfangen, ist es vorbei. Man kann zu sechzig Personen nicht »Halt« sagen, die außerdem nicht sehen, was hinter ihnen vorgeht. Eine solche Freiheit wäre nur mit einem kleinen Orchester von Monteverdi denkbar, und es müßte vom ersten Moment an bei den Proben dabeisein. Es ist eine Illusion, zu glauben, »alle ziehen am gleichen Strang«, wie man sich manchmal zur Beruhigung einredet. Die Arbeit des Dirigenten an den musikalischen Details erfordert eine andere Aufmerksamkeit, eine andere Konzentration. Also gibt es für mich nicht mehr allzu viel Spielraum.

Bei einem Schauspieler kann ich erreichen, daß er einen Satz so sagt, wie ich es möchte, bei einem Sänger sind solche Forderungen schwierig. Es ist schwer, den Körper von der Musik abzukoppeln. Die Sänger neigen natürlich dazu, sich im Rhythmus der Musik, von der sie abhängen, zu bewegen, und deshalb meinen sie, das Spiel müsse sich ihr ebenfalls unterordnen. Ich weiß also, daß ich die Arie, auch alles drum herum, vorbereiten muß, damit der Sänger den Sinn und die Emotion trifft, die ich suche. Doch wenn ich es auch manchmal schaffe, seinen körperlichen Habitus auf der Bühne zu verändern, so werde ich nie seine Art zu singen »manipulieren« können. Das wäre außerdem schrecklich ... In der Arbeit mit den Sängern gibt es eine Grenze, und die ist sehr gesund.

Dazu kommt bei der Oper der Zwang, den das von der Musik vorgegebene Zeitmaß ausübt.

Damit habe ich umgehen und spielen gelernt, mit diesem Zwang, den der Autor im Schauspiel ja nicht ausübt. Außerdem ist der Widerstand der Musik immer größer als der Widerstand des Textes. Alles hängt davon ab, ob man die Stimmung, die sie vorgibt, akzeptieren will oder nicht. Diese Stimmung ist, wie gesagt, ohne den Regisseur schon da, deshalb wird eine gute Oper wie *Die Hochzeit des Figaro* immer Erfolg haben, während ein Shakespeare mißlingt, wenn man keine Atmosphäre schaffen kann. Bei der Oper, könnte man glauben, braucht es keine Regie. Das ist falsch, denn gerade dort wird das Theater am augenscheinlichsten, und Theater, das sichtbar ist, ist nie schön.

Gewöhnlich haben die Regisseure im Bühnenbild eine Stütze für die Musik gesucht, und im Ergebnis war das hinreißend, sehr oft aber auch oberflächlich.

Oper zu machen ist sehr gefährlich, sie verführt dich einerseits zum Größenwahn, andererseits zur Illusion, man könne die Aufführung mit Bildeinfällen lösen. Ich denke mehr und mehr, man darf sich im Schauspiel, noch mehr in der Oper, nicht mit Bildern zufriedengeben.

Natürlich produziert die Musik Bilder, die einen überwältigen. Viele Regisseure begnügen sich mit diesen Bildern. So »interpretieren« sie das Werk, damit die Zuschauer die Bilder dann »lesen« können. Es gibt nichts, was dem musikalischen Erleben entgegengesetzter wäre als Bilder, die verlangen, in Sprache übersetzt zu werden. Als ich anfing, Oper zu inszenieren, habe ich gemerkt, daß es Wirkungen auf meine Schauspielinszenierungen hatte, die wurden zu dekorativ. Als ich das einmal verstanden hatte, wurde ich wachsam und habe versucht, das Gegenteil zu machen.

Natürlich, wenn man ans Schauspiel zurückkehrt und auf die Probebühne kommt, fehlt einem die Musik in den ersten Minuten. Musik macht mich glücklich, was ein heiserer, schlechtgelaunter Schauspieler nicht unbedingt bewirkt. Auch mit einem schlechten Korrepetitor am Klavier und mit einem mittelmäßigen Sänger kann Musik glücklich machen. Manchmal sehne ich mich im Schauspiel danach.

Apropos Bühnenbild: Anders als andere Regisseure arbeitest du nicht über eine längere Dauer mit einem einzigen Bühnenbildner, du wechselst reihum.

Ich bin völlig unbeständig. Im Prinzip arbeite ich mit einem oder zwei, doch periodisch habe ich Lust zu wechseln, mein Universum zu erneuern. Weil es aber sehr wenig Bühnenbildner gibt, die eine Wahrheit auf der Bühne herstellen können, kehre ich immer wieder zu den gleichen drei oder vier zurück. Ich habe mit Karl-Ernst Herrmann *Così fan tutte* gemacht, aber ich möchte weder mit ihm noch mit

Erich Wonder oder Richard Peduzzi ein ewiges Tandem bilden. Ich wechsle vom einen zum anderen, weil ich in der Oper wie im Schauspiel den Ehrgeiz habe, daß sich jede Inszenierung dem jeweiligen Stück anpaßt. Ich möchte zu noch unterschiedlicheren Stilen kommen, damit man sich in meinem Universum nicht auskennt, damit man nicht schon, bevor der Vorhang aufgeht, weiß, es wird langweilig oder lustig. Man muß vermeiden, einen Stil zu haben. Der Chamäleonismus! Er hilft mir, mich selber zu vergessen.

Bei *Don Carlos* habe ich mit Gilles Aillaud zusammengearbeitet, und obwohl da Schlösser und Kerker verlangt sind, haben wir uns für die leere Bühne entschieden. Ich weiß, daß das eine akzeptable, aber nicht ganz befriedigende Lösung ist. Sie birgt immer die Gefahr, daß man bei etwas Puristischem, völlig Langweiligem landet.

Die leere Bühne hat sich seit einiger Zeit als ein bequemer Gemeinplatz etabliert. Die Regisseure verschaffen sich mit ihr ein gutes Gewissen, indem sie sagen: Wir gehen gegen das Spektakuläre an und setzen den Schauspieler wieder in sein Recht ein. Es gibt eine Ideologie der leeren Bühne.

Für mich geht es darum, zu einer Einfachheit zu gelangen, nicht den Darsteller herauszustellen. In den fünfziger Jahren, bei Jean Vilar und Wieland Wagner, standen der Schauspieler oder der Sänger im Zentrum des Theaters. Ich glaube nicht, daß das besonders gesund ist, man belastet sie zu sehr mit sich selber, wenn sie sich entwickeln wollen, dürfen sie sich nicht zu sehr als Zentrum vorkommen, sie müssen auch einmal mit der Peripherie vorlieb nehmen. Ich lasse sie gern die Position wechseln, damit es wie im Leben ist, wo man jemand erst ganz still in einem Kreis von Leuten stehen sieht, und dann ist er plötzlich bei anderen laut und egozentrisch. Diese Veränderung beweist, daß wir nie dieselben sind. Unsere Identität setzt sich auf diese Art zusammen. Es ist nicht interessant, ständig Zentrum zu sein. Weder im Theater noch im Leben.

Du hast einmal gesagt, was dir bei der Musik, besonders in der Oper, fehle, sei der Humor.

Dieses Absolute, das die Musik ist, eignet sich für den Humor nicht im gleichen Sinn wie das Theater. Eine komische Oper finde ich schrecklich, sie bringt mich nie zum Lachen. Einmal habe ich in der Szene mit dem Doktor in Chéreaus *Wozzeck* gelacht, und zwar, weil die Art, wie der Sänger sprach, sehr nahe am Schauspiel war. Doch sonst, wie soll man in einem Rezitativ komisch sein? Ich schaffe es nicht zu lachen, bei einer Arie noch weniger, trotz der Versuche von ein paar Regisseuren der früheren DDR, in der Oper den Humor zu entdecken. Ich frage mich sogar, ob das nicht eine Qualität der Oper ist, die man nehmen sollte, wie sie ist. Wenn ich sage, es gibt keinen Humor, dann nicht weil es schwer und ernst ist, sondern weil die Musik anders ist, sie kann den Zuschauer leicht, glücklich machen, ihn zum Träumen bringen, auch ohne Humor.

Was empfindest du im Verhältnis Oper/Schauspiel für Differenzen in der Wahrnehmung der Stimme?

Zu sagen »Eine Stimme ist schön« ist in der Oper objektiver als im Schauspiel, dagegen ist die Beziehung zwischen Stimme und Gefühlen im Schauspiel ganz klar enger. Beim Vorsingen in der Oper können Fachleute, Dirigenten und Intendanten mit größerer Genauigkeit als im Schauspiel erkennen, was man eine »große Stimme« nennt, das Urteil hat mehr Autorität. Was in der Oper schön ist, kann im Schauspiel furchtbar sein. »Schöne Stimmen« sind im Schauspiel schrecklich ... Man sagt, ein Schauspieler »tönt«, das ist einer, der sich seiner schönen Stimme allzu bewußt ist und das auch noch zeigt. So einer hört sich selber zu und vergißt dabei, was er zu sagen und zu spielen hat.

Es gibt bekannte Techniken, die Stimme zu stützen, aber so eine Stimme wirkt dekorativ. Was ich suche, ist die Stimme des Herzens, bei der die Schwingungen echte Töne hervorbringen. Alles ist relativ. Es gibt unangenehme Stimmen, die ich mag, und unangenehme Stimmen, die ich nicht mag. Es gibt auch die stereotypen Stimmen: die Synchronstimmen. Sie haben vorgestanzte Intonationen, als wären sie von einem Western oder einem Werbespot recycelt. Wenn jemand im Theater lügt, hört man es an der Stimme. Das ist bei der Oper weniger offenkundig, dort kann man sich leichter über die Menschen täuschen.

Um die dramaturgische Arbeit an einer Oper deutlicher zu machen, könnte man das Beispiel vom Anfang des zweiten Akts von Hochzeit des Figaro *anführen: Bei der Arie der Gräfin, bei der sie eigentlich allein ist, hast du ihr Susanna als Zeugin zur Seite gestellt, so daß sie die Not ihrer Herrin teilt. So hört man die Musik anders, und zugleich wird das Verhältnis zwischen der Gräfin und Susanna vielschichtiger.*

Wenn man in der Oper einen Sänger allein eine Arie singen sieht, sieht man mehr den Sänger als die Figur.

Die erste Arie der Gräfin hat mich neugierig gemacht. Vorher hat sie Susanna alles über den Grafen erzählt, Susanna ist abgegangen. Die Gräfin klagt über ihre Lage, dann kommt Susanna wieder und bittet sie fortzufahren. Sie sagt nicht: »Erzähl«, sondern: »Fahre fort«. Also wäre es dramaturgisch interessanter, habe ich gedacht, Susanna geht nicht ab, sondern bleibt. Muß man die Gräfin allein singen lassen, nur damit sie ihre Arie hat? Jemand wollte mich belehren, es wäre richtiger, eine Gräfin ihr Herz allein ausschütten zu lassen als in Gegenwart der Zofe. Das ist falsch, denn wenn sie eine derartige Beziehung hätten, würde die Gräfin sie gar nicht in ihre Angelegenheiten einweihen. Am Schluß, wenn sie ihr Spiel gewonnen hat, wird sie eisig, wirft sich sogar ihre Intimität mit Susanna vor, und mit einem autoritären Ton, die man vorher noch nicht an ihr kannte, herrscht sie sie an: »Schreib, sag ich dir.« Und noch mehr zürnt sie dem Grafen, der sie dahin gebracht hat, ihr Intimleben der Zofe anzuvertrauen.

Als Opernregisseur kenne ich dich seit Così fan tutte *in Brüssel. Die Bühnenbildlösung von Karl-Ernst Herrmann – ein über Rollen laufender Endlosprospekt, der die ganze Aufführung über wechselnde Szenerien zeigte – sowie die außergewöhnliche Beweglichkeit der Interpreten und die Subtilität ihrer Beziehungen gaben der Aufführung eine Dimension spielerischer Heiterkeit und zugleich tiefer Verstörung.*

Damals habe ich in der absoluten Promiskuität die einzige Art zu leben gesehen. Ich war fasziniert von diesem Thema: Zwei Paare, die ihre Partner tauschen, Leute, die die Liebe nicht kennen und sie am Ende nur durch den Schmerz kennenlernen. Ich projiziere nichts hinein, das steht alles in der Musik. Ich hatte junge Sänger, einen jungen Dirigenten, und die Aufführung entsprach meiner damaligen Verfassung. Heute würde ich andere Überlegungen anstellen.

Ohne diese spielerische und vielleicht ein bißchen

oberflächliche Inszenierung zu verleugnen, würde ich sie eines Tages gerne noch einmal machen ... Es ist übrigens die einzige, die ich wirklich noch einmal machen möchte! Ich würde dann folgenden Aspekt herausarbeiten: Die beiden jungen Paare kennen die Liebe nicht. Sie führen ein friedliches, angenehmes Leben am Ufer des Meers ... eine *Jeunesse dorée* fast wie bei Scott Fitzgerald, und dann plötzlich die Herausforderung durch Alfonso, die Wette, die Verkleidung und ... der Schmerz. Ja, erst ist es die Trauer, dann der Schmerz, der sie in die Liebe einführt. In der Qual haben sie Gefühle, endlich haben sie Gefühle ... Durch das Verbot erfahren sie die Liebe, und dann, wie in den Shakespearekomödien, kommt alles wieder an seinen Platz. Die Vernunft löscht den Wahnsinn der Gefühle.

Ich glaube, ich habe das in Brüssel ansatzweise versucht, doch es war eine Inszenierung, die mehr von wechselnden Stimmungen als von Reflexion getragen war ... Warum auch nicht?

Was bei einer so göttlichen Musik, in dem Sinn, daß sie wirklich vom Himmel kommt, so schwierig ist: sich als Dramaturg zu verhalten und zu bestimmen, wann die Gefühle in dieser Geschichte wahr, wann sie falsch sind. In den Momenten großer Wahrhaftigkeit – ich denke an Fiordiligi, wenn sie schwört, felsenfest treu zu bleiben – evoziert die Musik das Bild des Felsens, dem sie gerne gleichen würde, ohne es zu schaffen. Später, rasend verliebt in den anderen, hat sie sich bei mir auf diesen Felsen am Strand gesetzt.

Gilles Aillaud hat über eure Zusammenarbeit bei Handkes Stunde da wir nichts voneinander wußten *den schönen Satz gesagt: »Ich habe Lucs Stimmung gemalt.«*

Darüber freue ich mich. Es beweist, daß Stimmungen zu etwas gut sind ... Sie können uns helfen.

Einer deiner bedeutendsten Erfolge an der Oper bleibt Salome ...

Sie ist um die Welt gegangen. Amüsanterweise war ich, als Gérard Mortier sie mir vorschlug, erst verärgert, weil ich dachte, das ist eine Oper, die niemand mag, und ich selber habe sie auch verabscheut. Als ich sie mir damals wieder anhörte, war ich entsetzt über die pompöse, erdrückende Musik, und dann noch die Geschichte von Wilde ... Mit zwanzig wollte ich *Salome* machen, es war die Zeit, als der Intendant in Hamburg zu mir sagte, ich solle vom Theater abgehen, ich sei dazu nicht berufen ... Von da an habe ich *Salome* nicht gemocht. Der Text von Wilde ist, als ob man Konfitüre mit Zucker mischt, Honig und Erdbeersirup beifügt und das Ganze mit Sahne und heißer Schokolade übergießt. Ich habe schließlich ja gesagt, habe mit Dieter Sturm gearbeitet, wir haben Bilder angeschaut, und plötzlich hatte ich es: Wir machen einen archaischen Thriller draus! Und vor allem kein Orientalismus! Ich lasse alle Statisten weg und beschränke mich auf einen Sklaven. Das ist alles. Da die Musik auf Wien verweist, haben wir an einen Raum gedacht, der sich auf die Habsburgermonarchie Ende des Jahrhunderts bezieht. Ich habe eine Familiengeschichte daraus gemacht: Salome als eine Tochter, die die Eltern nicht mehr unter Kontrolle bekommen, die »sexy Version« dieser Autistin Yvonne aus dem Stück von Gombrowicz. Sie ist der Typ Frau, die bereit ist, einen Kopf abzuschneiden, vielleicht um den Rest zu bekommen. Während sie auf das Opfer wartet, schneidet ihre Mutter am Küchentisch Kartoffeln, als wäre es Jochanaans Kopf. Es entsteht ein inzestuöser Kontext und vermittelt uns das Gefühl, es gäbe drei Leichen im Schrank. Dann hat Lucinda Childs den »Tanz der sieben Schleier« in einem ganz unklassischen Stil getanzt. Alles spielte in einem Keller mit einer riesigen viereckigen Säule mit herausgebrochenen Steinen, die das Parkett aufgerissen hatten. Es war eine »schmutzige« *Salome.*

Schlußendlich hat es mir Spaß gemacht. Was beweist, daß man die Sachen nicht wahnsinnig mögen muß, um sie zu machen. Ich glaube sogar, es ist schwieriger, ein Werk zu inszenieren, das man sehr mag.

Poppea war ein anderer Triumph, mit einer Frau als Protagonistin, die maßlose Macht hat.

Die Inszenierung von *Poppea* mag ich weniger. Immerhin habe ich dank dieser Oper Philippe Boesmans getroffen, der sie damals neu orchestrierte. Dann haben wir zusammen ein Projekt realisiert, an dem mir sehr liegt: *Der Reigen,* eine Oper nach Schnitzler. Ich bin lange um das Stück herumgestrichen, habe es aber dann doch nicht gemacht. Ein Angebot, es zu verfilmen, habe ich auch abgesagt, und später, im Gespräch mit Philippe Boesmans, waren wir uns einig, es wäre besser, aus einem bekannten Text etwas Neues, eine Oper, zu machen. So sind wir den unvermeidlichen Vergleichen à la »Seine Version ist wie die von dem und dem« entgangen und konnten mit einem Stück arbeiten, das eine starke musikalische Struktur hat. Ich habe im Kopf eine Musik, ein schlechtes Plagiat von Alban Berg, komponiert, danach das dramatische Material eingestrichen und strukturiert und es Philippe vorgelegt. So konnte ich mich auf ein mir unbekanntes Terrain vortasten. Das muß man gelegentlich tun, man kann nicht sagen: »Ich stürze mich in ein großes Abenteuer mit *Maskenball* oder mit dem *Barbier von Sevilla.*« Die kann man gut inszenieren, aber ohne das belebende Gefühl einer von Anfang bis Ende neuen Sache. Ich denke, wir haben etwas ganz Ordentliches hingekriegt.

Während die Zusammenarbeit von Schauspielregisseuren mit Dirigenten anfangs oft problematisch, manchmal auch tumultuös war, scheint in der letzten Zeit eine Art Burgfrieden eingekehrt. Welches sind deine hauptsächlichen Erfahrungen? Hast du mit den Dirigenten bei der Konzeption der Aufführung zusammengearbeitet?

Mit Dohnányi, Abbado, Pappano oder Cambreling war es so, die zeigten alle ein reales Interesse am Theater, und das bedeutet, daß sie vom ersten Augenblick an ein Klima der Auseinandersetzung und des Austauschs herstellen. Ich habe auch immer Lust zu erfahren, was ein Dirigent musikalisch denkt, was er fühlt.

Die amüsanteste Erfahrung hatte ich mit John Pritchard bei *Così fan tutte.* Ich flog nach New York, um mit ihm zu arbeiten, wohnte in einem sehr schönen Hotel, und jedesmal wenn ich ihn anrief, sagte er: »Ich bin seeehr müde«, verschob unser Treffen auf den nächsten Tag und am nächsten Tag auf den übernächsten. Das Hotel bezahlte das Théâtre de la Monnaie, und ich verbrachte die Tage damit, Freunde zu sehen, ins Kino oder ins Theater zu gehen. Dann sagte Pritchard, er fahre zum Ausruhen nach Long Island, und wir würden nach seiner Rückkehr arbeiten. Als ich ihn wieder anrief, erklärte er nochmals, er sei »seeehr müde«, doch immerhin, er lud mich zu sich ein. Er wohnte in einem prächtigen Apartment im berühmten Dakota Building am Central Park, wo John Lennon erschossen wurde. Er kam wie der Held aus Alain Resnais' Film *Providence*, gespielt von John Gielgud, ein Riese mit einer Flasche Chablis in der Hand, die er auf den Tisch stellte: »Ich bin seeehr müde, aber sagen Sie, wie wollen Sie *Così fan tutte* machen?« Er war imposant, eine sehr dekadente Figur, ganz 18. Jahrhundert, und ich dachte gleich, eigentlich müßte er Don Alfonso spielen. Er schaute mich an: »Moment! Eine Frage: der Chor, wo stellen Sie ihn hin, *auf* die Bühne oder *hinter* die Bühne?« Ich sofort: »Hinter die Bühne!« Und er: »Das kann sehr interessant sein!« Dann hat er mir ein Glas Chablis angeboten und ist eingeschlafen. Ich machte mich geräuschlos davon. Dann habe ich ihn nur noch einmal bei den musikalischen Proben gesehen.

Wählst du ein Projekt nach dem Direktor oder dem Theater, das es dir anbietet?

Mit Gérard Mortier verstehe ich mich besonders gut, aber ich muß sagen, wir kriegen, wenn man davon ausgeht, daß es nicht viele Opernregisseure gibt, die diesen Namen verdienen, unglaublich viele Angebote. Das ist beängstigend, und man muß ständig auswählen. Ich habe mich für Brüssel entschieden, für Salzburg und für das Châtelet in Paris, um an Orten zu arbeiten, wo ich Freunde habe, wo man nicht das Gefühl hat, fremd zu sein, wo man akzeptable Bedingungen hat. Darauf kommt es überall an, aber bei der Oper besonders. Dabei muß ich dir, muß ich *mir* sagen, daß ich nicht ein reiner Opernregisseur werden will, ich bin schon zu weit auf diesem Weg und muß ihn bald verlassen. Es wird schwierig, die Bestie hat mich in den Klauen. Es quält mich, weil ich eine echte Haßliebe zur Oper habe.

Das Problem bei der Oper ist: Sie erfordert eine wahnsinnige Arbeit und verschafft geringere Befriedigungen, denn zwischen dem, was man ausdrücken will, und dem, was dann auf der Bühne passiert, gibt es eine enorme Differenz. Die kann auch nicht durch die Entwicklung der Sänger ausgeglichen werden, der Prozeß hängt von der Maschine ab. Die Oper ist eine Maschine, deren Laufrichtung du nicht bestimmst, du steigst in einen Zug, der dich zur Premiere bringt. Maschine bedeutet, du hast von einem bestimmten Moment an das Gefühl, du bist nur ein Rädchen im Getriebe. Der Oper ist der Regisseur letztlich egal. Sie ist wie eine Maitresse, die gelegentlich etwas von dir will. Sie ist wunderschön, aber sie hat den Orgasmus vor dir.

Anfangs hast du gesagt, du hättest nach den ersten Opernerfahrungen bei dir einen gewissen Hang zum Dekorativen festgestellt. Wenn du heute sagst, du suchst am Theater mehr und mehr den weiten Atem, geschieht das unter dem Einfluß der Opernarbeit oder entspricht es Veränderungen an dir selber?

Die Oper hat viele Zwänge, und den weiten Atem, den kriegt man, indem man mit den Hindernissen kämpft. Aber es stimmt, bei der Oper kann man unter zuviel Weite, im Schauspiel unter zuviel Enge leiden. Manchmal versuche ich die beiden Dispositionen umzudrehen.

Übrigens glaube ich nicht, daß mich die Oper negativ beeinflußt hat, ich bin nicht dem Monumentalismus verfallen, obwohl die Oper den Regisseur natürlich dazu reizt. Der Beweis ist *Don Carlos*, wo ich die große Architektur- und Bühnenbildentfaltung ausgeschlagen habe. Vielleicht unter dem Einfluß des Schauspiels ...

Man hat zur Oper nicht dieselbe Beziehung wie zum Schauspiel. Ein banaler Dirigent, ein mittelmäßiger Regisseur können dem breiten Opernpublikum Freude bereiten. *Tosca* füllt in einer kleinen Provinzstadt jedesmal das Theater. Die Macht der Musik übersteigt die Kräfte der Macher.

Musik ist emotional, sie geht direkt ins Unbewußte des Publikums! Beim Schauspiel ist es anders, wenn schlecht gespielt und gesprochen wird, zerstört die Inszenierung den Text. Eine Oper überlebt dagegen jede mißratene Inszenierung, da ist alles so gut kalkuliert, die kleinste Bewegung so gut ins Ganze eingebettet, daß die affektive Steigerung jedesmal funktioniert. Beim Schauspiel muß man die ohne Musik erreichen, dann ist es allerdings schöner als jede Oper. Beim Schauspiel kann man weniger betrügen, man ist ausgesetzter, bei der Oper kann man sich hinter der Musik verstecken. Sich gut hinter der Musik zu verstecken, ist übrigens schon ein wichtiger Teil der Inszenierung. Schauspielregisseur und Opernregisseur, das sind zwei verwandte, aber unterschiedliche Schicksale.

In Salzburg waren wir nach der Generalprobe von Hochzeit des Figaro *zusammen, da habe ich gehört, wie du deiner Mutter deine Karten für das Konzert mit Sándor Végh am nächsten Tag geschenkt hast: »Geh mit Papa, ich habe genug von Musik.«*

Wenn ich zwei Monate in Salzburg bin, habe ich am Ende keine Lust mehr, Musik zu hören. Neulich haben wir lange mit Handke geredet und festgestellt, Musik ist wie die Pest, man kann sich nicht gegen sie wehren. Um sich an einen Text zu erinnern, muß man ihn suchen, muß man sich bemühen, er ist nie wie Musik, die einen ohne Umweg über die Reflexion in Schwingung versetzt. Sie dringt in dich ein, setzt sich fest. Wenn man eine Oper inszeniert, hört man ständig die Arien. Oft schläft man nachts nicht, weil einem eine Arie im Kopf herumgeht. Einen Text von Stendhal dagegen, an den man sich erinnert, muß man erst finden und wiederlesen. Er steht nicht für sich, er gehört in einen gedanklichen Zusammenhang, und den sich wieder zu vergegenwärtigen ist komplizierter. Musik ist kein Gedanke, sie ist ein Effekt wie das Licht, und die Wirkung, die sie auf die Nerven hat, ist gewaltig. Sie findet jedesmal ein Loch, durch das sie in uns eindringt. Musik hat eine unglaubliche demagogische Kraft. Außerdem ist es fast unmöglich, die Emotionen zu differenzieren: Sind es andere, wenn ich ein Konzert von Pink Floyd höre oder ein Stück von Verdi oder Strauss? Im Schauspiel ist die Differenzierung klarer, da stellt sich ein Text gleich als Differenz dar. Musik begrapscht dich unaufhörlich, ob du willst oder nicht. Hier in diesem Büro, wo wir von friedlichen Büchern umgeben sind, dringt die Musik des Nachbarn bis zu uns. Sie und nicht ein Text bringt uns dazu, die Fenster zu schließen. Deshalb die Sehnsucht nach dem Text, der still in einem Buch darauf wartet, entdeckt oder wiedergelesen zu werden, während Musik überall und ständig eindringt, keine Chance, sich zu schützen. Das ist ihre Stärke und ihre Gefahr.

ZEUGNISSE

Peter Iden

Bei Luc gibt es einen paradoxen Gegensatz zwischen seiner Entscheidungsstärke und seiner Zerbrechlichkeit. Das macht seinen Charme aus.

Er hat uns begreifen lassen, daß das Leben ohne das Theater härter wäre.

Luc ist sehr sensibel für Stimmungen, und sein Theater sensibilisiert den Zuschauer für Stimmungen. In Goethes *Stella*, das er inszeniert hat, versammelte er fragile und überempfindliche Figuren derart zu einer Mahlzeit, daß auch noch die winzigsten Spannungen in dieser zugleich trivialen und essentiellen Aktion des Essens sichtbar wurden. Jede Empfindung erschien als Vorahnung einer künftigen Tragödie. Luc lenkte unsere Konzentration unmerklich zum Rand und nicht dorthin, wo man gemeinhin das Zentrum des Stückes annimmt. Auf diese Art aber enthüllte er, was für die Figuren, wenn auch unausgesprochen, tatsächlich entscheidend war.

In der *Macbeth*-Inszenierung, als die beiden Figuren nach dem schrecklichen Mord wie aus dem Paradies vertriebene nackte Kinder auftraten, wollte Luc zeigen, wie Politik Menschen zu Verbrechen treibt, die sie selber nicht mehr begreifen. Das erinnert uns an das tägliche Unheil, das die Gesellschaft über die Menschen bringt, denen es nicht mehr gelingt, sich auf dem Weg der Unschuld zu retten.

Luc hat selten mit schwergewichtigen Schauspielern gearbeitet. Leichte und fragile waren ihm lieber. Gleichsam poröse Schauspieler, die die Zeit durchlassen und so enthüllen, was die Zeit auf dem Theater anrichtet.

Durchgehend spricht Luc in seinen Inszenierungen von der Liebe. Er widerspricht dem, was unsere Gesellschaft an Verletzung, Angst und Gefahr produziert. Dieses Theater der Vergänglichkeit bringt auf einen Satz, der, denke ich, auf es paßt: »Solange wir einander umarmen und umschlungen halten, sterben wir nicht.«

Das Theater von Luc ist ein herbstliches Theater.

Peter Iden, Theaterkritiker

Peter Stein

Es gab sehr schnell die ziemlich eindeutige Meinung über den Luc, er sei eine Art von Paradiesvogel des deutschen Theaters, mit französischen Kolorierungen.

Was mich von Anfang an an Luc interessiert hat, ist die Abwesenheit teutonischer Miefigkeit – in seiner Person, in seiner Kunst und in seinem Verhalten. Ich würde das nicht unbedingt als französisch bezeichnen, sondern ich glaube, daß das eher etwas zu tun hat mit seiner kosmopolitischen Veranlagung.

Ich habe in den ersten Begegnungen mit ihm etwas festgestellt, was für mich ganz ungewohnt war, nämlich eine ganz ungewöhnliche Leichtigkeit des Umgangs miteinander. Das war so erfreulich unkompliziert. Er macht es einem ja nicht schwer. Ich bin eher ein Problemheini, total verklemmt und mit massiven

Kontaktschwierigkeiten. Im Laufe der Jahre hat sich diese persönliche Beziehung, ob man das nun Freundschaft nennen will oder nicht, immer mehr vertieft, hat sich diese Leichtigkeit und Unproblematik des Zuhörens und des Aufeinander-zugehen-Könnens immer wieder hergestellt.

Luc ist auf eine erstaunliche Weise belesen. Das habe ich erst später herausbekommen und habe es mit einem gewissen Neid beobachtet.

Luc hat sehr oft die Möglichkeit, etwas zustande zu bringen, was typisch theatralisch ist: etwas Hinreißendes zu machen, in des Wortes doppelter Bedeutung. Denn das Wort »hinreißend« im Deutschen ist auf der einen Seite sehr drastisch, sehr plastisch, das heißt, es reißt einen hin, zu der Sache hin oder auch vom Sockel oder vom Hocker. Auf der anderen Seite kann das Wort »hinreißend« auch einen sehr geselligen Ton und einen superfiziellen Beigeschmack haben. Beide Dinge beherrscht Luc in gleicher Weise in seinen glückhaftesten Momenten, und das hat entscheidend etwas mit Theater zu tun. Wenn man nicht in der Lage ist, solche Wirkung zu erzeugen, sollte man eigentlich die Finger davon lassen.

Luc ist an einer literarischen Beschäftigung mit Stück, Spielanlässen und dem Theater durchaus interessiert, er stellt dramaturgische Überlegungen an, er ist in der Lage, Argumentation, Einsichten und Meinungen anderer Leute zur Kenntnis zu nehmen und aufzunehmen. Gewiß nur bis zu einem bestimmten Punkt. Gewiß nur so lange, wie die eigentliche, ganz konkrete Probenarbeit noch nicht begonnen hat, wenn dann die Dinge, die er zur Kenntnis genommen hat, in ein mehr oder weniger freies Spiel gebracht werden wollen.

Die Qualität von Luc als Theaterregisseur bestehen darin, daß er zunächst einmal in ganz eminentem Sinne ein Theatermann ist. Er hat ein untrügliches Gespür für all das, was sogenannte theatralische Valeurs sind. Er braucht sich deshalb auch nicht irgendwelche ganz besonderen Sprungschanzen zu bauen, um sich, den Text und seine Theaterarbeit in eine Probensituation hineinzuverführen und hineinzustürzen. Sondern er kann sich geradezu ansatzlos, mit einer großen Leichtigkeit und ganz schnell in diese Spielsituation hineinversetzen. Wenn auch nur ein ganz kleines bißchen Wasser da ist, kann er sich wie ein Fisch im Wasser bewegen. Andere Regisseure brauchen ein Riesenbecken von Theatralität, um dort als Fischlein ein paar Bewegungen herzustellen. Das ist für den Luc überhaupt nicht notwendig.

Diese Grundeinrichtung seines Naturells, verbunden mit den Gegebenheiten des Theaters, ist für mich eine seiner hervorspringendsten Eigenschaften, denn das geht mir vollkommen ab.

Gegenstände, für die ich zwei- oder dreimal ansetzen muß, hat er sofort im Griff, sind bei ihm unheimlich schnell abrufbar: Assoziationen, inhalts- und bedeutungsmäßiger Art, zu dieser eigenartigen, widersprüchlichen Situation, wie sie eine reine, freie, vollkommen gegenstandslose Spielsituation darstellt, stellen sich bei ihm mit ungeheurer Schnelligkeit ein. Diese Gleichzeitigkeit eines intellektuellen, verstandesmäßigen Spaßes und einer extrem sinnlichen, nervenbetonten Verhaltensweise, wie Luc sie auf der Bühne und bei den Schauspielern verursachen kann – das vermittelt eine solche Freude, daß es einfach eine Wonne ist. Bestimmte Momente von Schwerelosigkeit im Erkennen, im Erfühlen, selbst in der Erschütterung – wenn es so etwas Paradoxales gibt wie eine schwerelose Erschütterung –, kann man in den schönsten seiner Hervorbringungen erfahren.

Außer Luc ist es ja in Deutschland niemandem gelungen, aus einer Marivaux-Inszenierung einen Erfolg zu machen.

Der Blick auf die Dinge hat sich doch ein bißchen verschattet. Aber das trifft auf uns alle zu.

Peter Stein, 1970–85 Leiter der Berliner Schaubühne, 1992–97 Leiter des Schauspiels der Salzburger Festspiele

MEIN PRIVATES THEATER

Luc Bondy: Ich verteidige mein privates Theater, mein kleines ambulantes privates Theater. Ein anderes kann ich nicht verteidigen, nur das, das ich mit mir trage, das aus mir kommt und in mich zurückkehrt, ein Theater, das mir gehört und das ich vorführen will. Es ist ein Theater, das wandert. Ich habe große Mühe, Manifeste zur Verteidigung eines *Theaters der ...* oder eines *Theaters für ...* zu proklamieren. Es gibt Theaterleute – ich gehöre zu ihnen –, die haben ihre ganz eigene Energie und machen ihr ganz eigenes Theater. In den dreißiger Jahren hätte ich vielleicht Studiofilme gedreht. Meine Geschichten hätte ich anders erzählt, aber auf jeden Fall wären es dieselben gewesen.

Theater interessiert mich als etwas, das vor unseren Augen geschieht, und dann ist es vorbei ... Es ist das Fest des Augenblicks, was uns aber nicht hindert, eine Erinnerung daran zu behalten. Ich mag dieses luftige Schreiben, das sich nicht auf einem Blatt niederschlägt, vielleicht aber doch im Gedächtnis von ein paar Menschen haften bleibt: Ihnen hinterlasse ich mein privates Theater, damit sie es bewahren und mit ihm spielen. Es ist ein Theater, das nie im Gewand der Arbeit, der Anstrengung und des Schweißes daherkommen wird, es ist ein Theater, das, ohne Tanz zu sein, von diesem die Fähigkeit borgt, von Gott, von seiner Existenz oder Nichtexistenz, zu erzählen, von der Einsamkeit und von der Kindheit, vom Geschwätz, diesem Überschuß an Kommunikation, und vom Schweigen. Diese Dinge sind schon gewichtig genug, man muß nicht noch die Spuren der Arbeit zeigen.

161

GEORGES BANU: *Die Arbeit der Engel, heißt es, bestehe darin, die Nähte zu entfernen.*

Ja, weil sie Boten sind und wissen, was die Übermittlung behindert und blockiert: die Nähte. Und außerdem stören die Nähte den Blick und ermüden das Auge.

Um bei den Metaphern zu bleiben: Laß uns von der Alchimie reden, die du im Gespräch so oft erwähnst. Welches Gold suchst du?

Das Gold des Theaters, das die völlige Schwerelosigkeit wäre. Die Aufführung, die man vor sich sieht, hat ihr eigenes Leben. Kein Leben, das jemand kontrolliert, sondern ein Organismus, der für sich existiert. Die Aufführung, von der ich träume, ist eine autonome Aufführung, die sich selber vollendet. Sicher, ihre Schwerelosigkeit bekommt die Aufführung durch das, was ich in sie hineingesteckt habe, durch die Hilfen, die ich den Schauspielern gegeben habe, aber das hindert sie nicht, frei zu werden. Ich gehöre nicht zu den Regisseuren, die leiden, wenn sich die Aufführung von ihnen löst. Ich leide, wenn sie das nicht tut, denn ich weiß, je mehr sie sich gelöst hat, desto mehr kann sie abheben und schwerelos werden. Indem sie sich von mir trennt, bestätigt sie ihre Identität, konstituiert sie sich als Wesen neben mir, unabhängig von meiner Gegenwart und dem Druck, den ich weiter auf sie ausüben könnte. Ja, das Gold des Theaters, meine Utopie wäre: daß sich das Knarren des Bühnenbodens in Musik verwandelt. Es gibt Leute, die wollen, daß man sich ständig dessen bewußt ist, daß es Theater ist, nach Brecht soll sich daraus ja der Beweis seiner Klarheit ableiten. Ich möchte, im Gegenteil, daß man das Theater vergißt. Natürlich nicht die Geschichte, aber die Tatsache, daß es Schauspieler sind, indem sie eine so starke Suggestivkraft entwickeln, daß die ganze Aufführung wie Musik wirkt. Das ist mein Traum. So habe ich das Gefühl, ich schaffe ein Werk, das sich vollendet, indem es sich von mir trennt. Davon kriege ich zwar eine Art Wochenbettdepression, aber ich erhole mich immer sehr rasch.

Mein privates Theater rettet mich, denn ich möchte nie Theater um eines ihm äußerlichen Zweckes willen machen. Ich mache nicht Theater, damit sich die Leute mehr lieben, damit es Frieden auf der Welt gibt, damit der Kapitalismus untergeht... mir egal. Für mich ist Theater weder Waffe noch Spiegel, sondern Ausdruck der szenisch verwandelten Wirklichkeit. Der Theatermann hat keine andere Aufgabe, als Fragen zu stellen. So kann er die Luft im Zuschauerraum mit Sauerstoff anreichern. Ich möchte im Theater etwas sehen, das ich in dieser Form noch nie gesehen habe. Das Theater, sage ich mir manchmal, müßte wie ein Geisterzug sein.

Für mich, ich wiederhole es unermüdlich, zählt das Gedächtnis: Ich habe mein Ziel erreicht, wenn das, was ich gemacht habe, im Gedächtnis der Leute bleibt. Ich will dem Zuschauer ein Vergnügen verschaffen, an das er sich zu Hause im Bett erinnert oder von dem er bei einem Abendessen, wie verzerrt auch immer, Lust hat zu erzählen. Was einem von einem Kunstwerk bleibt, ist nicht eine Ideologie, sondern Poesie. Eine Aufführung muß eine Lebenserfahrung assimilieren, auf die man sich beziehen kann, auch wenn man weiß, daß es sich um Kunst handelt. Es ist ein Vergnügen, das nicht nur vom Text rührt, sondern von der Aufführung, es schwebt in der Luft und dringt in die Herzen der Menschen. Wenn das gelingt, bin ich sicher, vergißt man es nicht.

Zielt diese Erwartung auf das, was man »notwendige Illusionen« nennen könnte, Illusionen, die weniger auf dem Wunsch beruhen, sie mögen sich in der Realität erfüllen, als auf der Lust, sich in andere Welten zu projizieren? Dein Theater mündet ja in einen Raum der Befreiung und der Besänftigung von Widersprüchen.

Ja, ich mag die Illusion sehr, ich stelle mir gern vor, ich wäre ein anderer oder lebte in einer anderen Zeit ... Diese Beziehung zur Illusion kann mitunter ziemlich komplex werden, am Schnittpunkt von Sehnsucht und Verbotenem. Zum Beispiel neulich, als wir zusammen Métro fuhren, diese Frau, bei der mich alles anzog, der Hals, die Beine, das Gesicht. Aber wir waren getrennt ... Die Distanz regt meine Phantasie an ... und erhält meinen Traumzustand. Die Illusion ist das Produkt einer Verbindung von etwas Konkretem und einer Projektion. Um sie zu erhalten, muß ich mich in eine besonders unbequeme Position begeben: Ich bringe das Leben auf die Bühne und halte es so gleichzeitig auf Distanz. Theater heißt ja auch: lieben, was man nicht haben kann ... Theater interessiert mich, soweit es die Kraft dieser Illusion nährt, die auf dem nie befriedigten und stets projizierten Mangel beruht.

Das setzt ein Theater voraus, bei dem du dich nicht aussparst, das Platz für Autobiographisches läßt.

Bei den Proben zu Schnitzler hat Bulle Ogier zu mir gesagt: »Wenn du ein Stück machst, machst du deine Psychoanalyse.« Da war vielleicht etwas dran ... Aber wenn ich von Autobiographie spreche, dann nicht im Sinne bestimmter Ereignisse, sondern meiner psychischen Disposition im Verhältnis zu anderen. Es geht nicht darum, meine Obsessionen einzubringen, denn Kunst, besonders Theater, muß die

164

Obsession überschreiten. Obsession ist etwas, das verschließt. Der Unterschied zwischen der psychischen Disposition, von der ich spreche, und Obsession ist der von geschlossener und ausgestreckter Hand. Oder anders gesagt: Es geht nicht wirklich um Autobiographie, sondern mehr um verstreute Elemente eines imaginären Selbstporträts. Wenn man einem Schauspieler erklärt, wie man sich seine Rolle vorstellt, kann man nicht immer eine abstrakte Konstruktion erfinden, man greift oft auf Erlebtes zurück. Dieses Erlebte kann aber neben dem liegen, was man tatsächlich kennt oder was man gelesen hat. Mauriac hat auf die Frage nach dem wichtigsten Ereignis, das ihn geprägt habe, geantwortet: die Begegnung mit einer Figur, ich erinnere mich nicht mehr welcher, von Flaubert. Bei mir erzeugt das Ende von Natascha in *Krieg und Frieden* ein besonders intensives Gefühl. Wie kann man kalt bleiben, nachdem man mehr als tausend Seiten lang mit einer Figur mitgegangen ist, und am Ende wird sie ein possessives, schreckliches Monstrum? Zwischen dem, was man liest, und dem, was man fühlt, gibt es eine Verbindung. Und es bleibt zwangsläufig subjektiv im Gedächtnis, denn man merkt sich nur, was für einen wichtig ist. Wenn mich in einem Film oder in einem Buch etwas berührt, dann weil es auf eine innere Bereitschaft bei mir stößt. Meine Autobiographie ist von so vielen Büchern von anderen geprägt, wenn ich arbeite, zögere ich nie, davon Gebrauch zu machen.

»Alles gehört uns«, pflegte Vitez zu sagen.

Ja, weil sich Theater, kulturell und von seiner Natur her, durch Vermischung definiert. Als intellektueller Dilettant nehme ich von allem etwas, mache ich von allem Gebrauch, was mich im Leben oder in der Kunst berührt hat. Für mich ist Theater eine Assemblage, nicht eine Collage. Deshalb erscheint mir, wer im Theater Reinheit sucht, als Gralssucher. Reinheit im Theater fasziniert mich, aber ich kann nicht ganz daran glauben, ich erkenne auf der Bühne immer den Künstler, der so tut als ob. Für mich ist das Theater eine Existenzform, die gleichermaßen Schwere und Leichtigkeit, Reinheit und Unreinheit voraussetzt. Sie sind immer beide da.

Dein Theater, die Schauspieler bezeugen es, entsteht nicht unter Schmerzen, Konflikte und Spannungen werden nicht zu Arbeitsprinzipien gemacht. Es scheint, du bist weder auf schrankenlose Machtausübung aus noch auf einen Kult des Ernsthaften.

Wenn ich inszeniere, versuche ich mich zu amüsieren. Was zählt, ist das Spielen, das Glück, einen Organismus zu schaffen, der die Zuschauer dank seiner Musikalität und Grazie unterhält. Ich bin völlig durchdrungen vom Verlangen nach *entertainment*. In dem Maße, wie ich mich amüsiere, denke ich, amüsiert sich auch das Publikum. Das englische Wort *entertainment* und das deutsche »Unterhaltung« meinen übrigens mehr als das französische *amusement*: Man »unterhält« das Interesse. Man kann sagen, man unterhält es, um es festzuhalten. Ich habe keinen erzieherischen Beweggrund, Theater zu machen, und fühle mich nicht in diesem Sinn verantwortlich. Wenn ich um mich herum höre: »Wir haben eine kulturelle Verantwortung«, schaffe ich weder das nachzusprechen noch auf mich zu beziehen. Auch das, was mich auf den ersten Blick interessieren könnte, läßt mich gleichgültig: Ich fühle mich nicht zum »Transporteur« berufen, es geht mir nicht darum, die deutsche Kultur in Frankreich bekanntzumachen, auch nicht umgekehrt. Das ist mir vollkommen egal. Ich fühle mich für gar nichts verantwortlich. Was ich möchte und was mir wirklich Vergnügen macht, ist einzig, anderen das Vergnügen des Theaters zu vermitteln, sie daran teilhaben zu lassen. Nur das Vergnügen bleibt im Gedächtnis.

Wenn ich einen Regisseur von Verantwortung reden höre, von der pädagogischen Sendung des Theaters, sage ich mir, der ist ein verhinderter Lehrer. Es gibt so viele verhinderte Lehrer, die am Theater scheitern! Sie sollten besser mit der Kreide auf der Tafel herumkratzen, mit diesem Quietschgeräusch. Ihre Inszenierungen quietschen tatsächlich. Sie vertrauen dem Theater nicht, sie wollen es für andere Zwecke benützen, deren Erreichung andere Mittel erfordert. Sie lehren nichts, sie tun nur so, und dafür ziehen sie sich die Toga des Ernsthaften an.

Das Ernsthafte kann auch in anderer Gestalt auftreten: Wenn ein Regisseur, der ja Künstler ist und nicht Historiker, den äußersten Grad kultureller Objektivierung anstrebt. Man kann sich fragen, ob das wirklich interessant ist. Ich glaube nicht, daß man den Schlüssel zum Verständnis einer gesamten Kultur finden kann. Genausowenig ich an Politik auf dem Theater glaube, genausowenig glaube ich an Ethnologie auf dem Theater.

Während jemand wie Stein als Kulturforscher auftritt, streune ich lieber wie ein touristischer Amateur durch Museen, oder ich weine bei einem Film im Kino wie die Frau neben mir. In der Arbeit schlägt sich das dann nieder, aber ich weiß nie wann oder wo.

Du formulierst dein »Nichtengagement« polemisch und hast es auch damals getan, als der herrschende Zeitgeist das Engagement forderte.

Als ich 1973 meine ersten Inszenierungen machte, herrschte in Deutschland ein nach-achtundsechziger Klima. Man konnte die Schwingungen noch stark spüren. Bis in die Mitte der siebziger Jahre zählte das »politische Bewußtsein« mehr als die Arbeit. Ich habe mich nicht wirklich als Opfer dieser Mentalität gefühlt, jedesmal wenn man mich nach meinem politischen Bewußtsein gefragt hat, empfand ich es wie einen Ritus aus einem exotischen Land.

Bei *Triumph der Liebe* hat mich eine Kritikerin wegen der Szene angegriffen, in der der verliebte Philosoph Bücher verbrennt. Nach dem Dritten Reich wage es noch ein Theater, Bücher zu verbrennen, hat sie geschrieben und mich beinahe als Nazi hingestellt, ausgerechnet mich, wo ich mir die Qualen von jemandem, der seine Bücher um der Liebe einer Frau willen verbrennt, wie kein anderer vorstellen kann. Diese Kritikerin war von der Nazizeit besessen, gerade sie, deren Vater damals Schwierigkeiten hatte. Anfang der siebziger Jahre haben mir Kritiker Mangel an politisch-historischem Bewußtsein vorgeworfen, eine bizarre, beinahe abstrakte Kategorie, schien mir. Diese Leute konnten nicht sehen, sie waren blind. Sie gingen ins Theater, um zu sehen, was sie *a priori* wußten, was sie sehen mußten. Sie beanspruchten vorgefertigte Kriterien und Normen für sich. Diese Voreingenommenheit ist der größte Feind einer Aufführung, die ja davon lebt, daß sie durch kleine und große Schocks Widersprüche provoziert. Ein Theaterabend ist nicht dazu da, Situationen zu liefern, die in ideologische Sprache übersetzbar sind.

Welche Haltung wünschst du dir von einem Kritiker gegenüber einer Aufführung?

Der größte Kritiker ist für mich der, der fähig ist,

eine Inszenierung zu beschreiben, sie zu erzählen, sie auszuspinnen. Wenn er sie interpretiert, wird es problematisch. Interessant ist eine Inszenierung ja, wenn sie ihren Interpretationsansatz nicht deutlich ausstellt, sondern organisch einarbeitet. Sobald es zu explizit wird, hört die Aufführung auf, künstlerisch zu sein, dann besteht sie nur noch aus »kommunizierbaren« Zeichen. Sehr oft freut das den schlechten Kritiker, denn dann findet er »Bekanntes« wieder. Es sind vorgefertigte Zeichen, die nicht aus dem Stück entwickelt sind, sondern von außen an es herangetragen werden. Ich bin oft von Kritikern aus dem Lager des »politisch-historischen Bewußtseins« attackiert worden, weil ich mit Theater, dieser seltsamen physischen Kunst, immer unterhalten wollte. In einer Gesellschaft, die alles den Gesetzen der Rentabilität unterwerfen will, sehe ich das Theater als einen Raum, in dem Phantasie und spielerische Freiheit noch möglich sind. Das Vermögen zu spielen ist allein schon eine Befreiung und damit politisch.

Das finde ich komplizierter zu erreichen, als die Leute bloß in ihren politischen Ansichten zu bestätigen. Deshalb habe ich mich mit Erklärungen zum Theater und zur Politik immer sehr zurückgehalten. Zuerst würde ich sagen, mehr als Politik auf dem Theater interessiert mich das Theatralische an Politik. Ich muß aber zugeben, es gibt einen alten Flirt zwischen beiden, schon zu Zeiten Shakespeares, dessen berühmtes »Die ganze Welt ist Bühne« man abwandeln kann: »Keine Politik ohne Bühne«. Dieser Bezug hat Brecht nicht interessiert, er wollte auf der Bühne einfache politische Sachverhalte demonstrieren, und in seiner Nachfolge arbeiteten Regisseure die simplen Bezüge zwischen Gut und Böse heraus.

Ich verteidige das Recht des Theaters, nicht direkt von Politik zu sprechen. Im Theater strebe ich eine Grazie, einen Traumzustand an, der einen vergessen läßt, daß man im Theater ist. Und das, weil das Leben ständig schlechtes Theater produziert, die ganze Skala von Klischees, die wir täglich um uns herum finden: im Café, im Kino, auf der Straße. Wenn ich arbeite, bekämpfe ich diese Stereotypen. Das meine ich, wenn ich sage: Man muß das Theater »enttheatern«. Ich mag es nur, wenn es die Zerbrechlichkeit eines Gefühls bewahrt, und nicht, wenn es alle Zeichen vergrößert und verstärkt, als ob es sich an einen Saal voll geistig minderbemittelter oder taubstummer Zuschauer wenden würde.

Dein Ansatz geht auf Stanislawski zurück, der gesagt hat: »Die beste Inszenierung ist unsichtbar.« In diesem Sinn orientiert sich der Regisseur weniger an der Figur des Diktators, sondern mehr an der Position Gottes bei Flaubert, »abwesend und doch allgegenwärtig«.

Abwesenheit oder Unsichtbarkeit kann auf der Bühne eine große Freiheit herstellen. Ich war sehr geschmeichelt, als Benjamin Henrichs über meine Inszenierung von Botho Strauß' *Die Zeit und das Zimmer* schrieb: »Es ist, als habe Bondy die Schauspieler in das Stück gelockt, ihnen ein paar Wege gezeigt und sie dann alleingelassen; als schaue er ihnen nun, wie aus einem Versteck heraus, zu.« Das ist das Ideal, und ich wäre froh, jedes Mal dahinzukommen. Zu dirigistische, zu sichtbare Inszenierungen haben eine perverse Wirkung, und Schriftsteller verabscheuen sie, denn der Rhythmus des Lebens, wie der Rhythmus großer Literatur, ist dem bis ins letzte Geregelten fremd, aber ich muß zugeben, es ist schwer, der Versuchung zu dirigieren zu widerstehen. Auf dem Festival von Avignon, das ich nicht sonderlich mag, hab ich einmal einen Typen gesehen, der auf einer Kiste stand und die Passanten dirigierte. Das hat mich sehr zum Lachen und gleichzeitig zum Nachdenken gebracht: Es war wie die Parodie des Regieführens, vor allem, weil die Leute seinen Anweisungen folgten. Es war der Horror. Das Leben dirigieren ...

Filmregie ist näher an der Literatur und der Film-regisseur näher am Autor. Er inszeniert, er schneidet, er schreibt mit Bildern. Im Theater möchte ich das Geheimnis eines Textes ergründen, es faßbar machen, und dazu muß sich die Inszenierung fast unsichtbar machen. Da ist man in gewissem Sinn weniger Autor.

Theater bringt sich in schwere Gefahr, wenn es nicht den Snobismus aufbringt, anachronistisch zu bleiben. Heute ist alles erlaubt. Also muß man für seine Phantasie eine eigene Zensur erfinden. Es geht nicht darum, sie einzuschränken, sondern sie auf den Punkt zu bringen. Das Theater ist im Begriff, in der Permissivität zu degenerieren. Man vergißt heute, daß Zwänge kreativ machen können.

Aus diesem Grund mag ich das Theater von Frank Castorf nicht. Es gebärdet sich nihilistisch, anarchistisch, doch in Wirklichkeit ist seine Anarchie geregelt und wirkt auf mich sehr programmatisch. Es praktiziert den Kult des Häßlichen, was genauso furchtbar ist wie der Kult des Schönen. Noch furchtbarer. Sein Spott könnte poetisch sein, aber er ist bloß aggressiv und zynisch. Im Grund erfährt man bei Castorf nichts über die Menschen, was man nicht schon weiß.

Castorf ist der Typ des Regisseurs, der sich zum absoluten Richter über die Figuren aufschwingt ...

Das ist uninteressant. Man dringt in eine Figur ein,

geht wieder auf Distanz, jede Wertung muß relativ bleiben. In dem Film, den ich vorbereite, möchte ich Bel-Ami nicht als ausschließlich unsympathische Person zeigen, so wie es bei Maupassant den Anschein hat. Wie könnten die Leute für so jemand Interesse aufbringen? Stendhal weiß das und verändert die Perspektive auf Julien Sorel vom ersten zum zweiten Teil von *Le Rouge et le Noir*. Man geht weder mit einer Karikatur noch mit einer völlig negativen Figur mit. Man steigt aus, und sie entschwindet sehr rasch aus unserem Gedächtnis.

Ich lese gerade wieder Stendhal. Er verkörpert den besten Moment Frankreichs, ich finde bei ihm eine schriftstellerische Dynamik und eine klare Sicht auf Menschen, auch eine bewundernswerte Inszenierung unterschiedlichster Situationen. Auch in seiner Ungeduld finde ich mich, wenn er sich zwischendurch an uns wendet: Ich muß zu etwas anderem übergehen, lieber Leser, weil ich Sie langweile und auch selber anfange, mich zu langweilen.

Für mich ist Stendhals Blick das Ideal. Stendhal hatte diesen fein ironischen, nie denunziatorischen und doch klarsichtigen Blick für die Monstrositäten des menschlichen Charakters. Er hat die Figuren nicht vergewaltigt, er hat sie entkleidet, um sie offenzulegen. Er wollte sich nicht über sie stellen, um über sie zu richten, er wollte eher eine Anzahl von Klischees sichtbar machen. Im Theater kann man das nur, wenn die Schauspieler diese nicht mit Theaterklischees zudecken. Und Theaterklischees gibt es viele, weil Schauspieler in diesem labilen Beruf oft dazu neigen, sich auf eine Art unbewußtes Gedächtnis zu stützen.

Stendhals Schreibweise hat einen Rhythmus, einen Fluß, den eine kaum gebremste Energie anzutreiben scheint ...

172

Stendhals Genie besteht darin, den Eindruck zu erwecken, alles sei skizziert. Theater ist auch eine Skizze, es gleicht einer sehr feinen Zeichnung von etwas, was in Bewegung ist. Dabei darf der Bleistift nicht zu schwer sein. Ich mag Inszenierungen nicht, wo alles doppelt und dreifach unterstrichen ist, da treten den Schauspielern dann Schweißperlen auf die Stirn. Und jeder bemerkt sie.

Stendhals Schreiben ist eines der Leidenschaft und scheint getragen von der Kraft der Liebe, die die Figuren bis ans Ende leben.

Bei ihm erkennt man die Obsession, doch es ist keine schwarze Obsession. Es ist die Obsession der Liebe ... die auch durch mein Theater geistert. Theater, ephemer, wie es ist, handelt genau von dieser ephemeren und ständig wandelbaren Erfahrung, die die Liebe ist. Das ist mein ständiges Thema: die Zerbrechlichkeit von Liebesbeziehungen und was man einander dabei sagt und was man verschweigt.

Sacha Guitry ist ein Meister auf diesem Gebiet. Leider hat sich der Boulevard seiner bemächtigt – vielleicht ist er nicht unschuldig daran –, und seine Meisterschaft ist von einer redundanten und rhetorischen Spielweise getrübt worden. *Der Illusionist* handelt von der Notwendigkeit von Illusionen, und es gibt darin eine Szene zwischen dem Mann und der Frau, die an Ibsens *Nora* heranreicht, da erkennt man bei Guitry die Reihe Ibsen–Strindberg–Schnitzler. Es ist die Schlüsselszene der bürgerlichen Familie, wenn ein Paar sich trennt und alle Illusionen, die es hatte, sich auflösen. In *Das Gleichgewicht* von Botho Strauß, das ich in Salzburg inszeniert habe, gibt es eine ähnliche Szene: Ein Mann und eine Frau sitzen in einer Berliner Straße vor ihren Häusern, drumherum verändert sich alles – man hört Preßlufthämmer, man sieht Baugerüste –, und man spürt, wie der Mann, ein Schmuckhändler und Ex-Kommunist, keine Lust mehr hat, mit seiner Geliebten, einer Alt-Achtundsechzigerin, zusammenzubleiben. Sie reden wie zwei Figuren von Horváth, und plötzlich hat man die Intuition, daß er nichts mehr von ihr will und es nicht schafft, es ihr zu sagen. Er greift zu bizarren Erklärungen: »Die Stadt ist anstrengend, die Müdigkeit bringt uns um ...« Das ist echter Tschechow, bei niemandem erleben wir ja das Zerbrechen der kleinen Illusionen genauer als bei ihm. Das erreicht man am schwersten ... Man muß den verschiedenen Stadien dieses fortschreitenden Verschwindens des Begehrens nachgehen, das die Menschen schließlich in den Nebel stößt ...

Das Theater ist der Ort, an dem man zeigen kann, daß die einzig angemessene Art zu leben die ist, sich Illusionen zu machen ... Ohne Illusionen kann man nicht leben. Doch im Theater begreift man auch, daß sie heikel sind und den Keim ihrer Zerstörung in sich tragen. Theater ist eine wunderbare Illusion, die zugleich und vor allem von der Desillusionierung handelt. Deswegen mache ich daraus meine Raison d'être und meinen Traum.

Wenn ich an einem Stück arbeite, empfinde ich in dem Maße ein Gefühl von Wirklichkeit, wie ich vorankomme, denn ich lüfte fortlaufend Schleier ... Ich bin wie ein Musiker, der in bestimmten Momenten wunderschöne, vorher unhörbare Klänge hören kann.

Alles, was ich auf dem Theater zu erzählen versucht habe, speist sich aus dem Unbewußten. Da ich mich als verhinderten Schriftsteller betrachte, ist mein Theater das eines verhinderten Schriftstellers, aber ich würde sagen, im positiven Sinn, da ich ja auf der Bühne die Geschichten erzähle, die ich schreiben würde. Das hilft mir, denn ich bin überzeugt, die Unmöglichkeit, das eine zu erreichen, stimuliert manchmal die Fähigkeit, etwas anderes zu realisieren. Deswegen erfaßt man, wenn man wie ein Kind zeichnet, das Wesen eines Baums zuweilen besser als ein perfektionistischer Zeichner. Wenn man nicht geschickt genug ist, eine Wirklichkeit auszudrücken, schafft man es wie durch ein geheimes Wunder, ihrem Wesen näherzukommen.

Und gleichzeitig schlägst du das rein psychologische Herangehen mit seiner realistischen Wirkung aus.

Ich versuche keine Sachen zu realisieren, die den Eindruck des Authentischen erwecken, sondern Sachen, die wahr sind. Von einer inneren Wahrheit ... Eine Geschichte, die mich interessiert, möchte ich in ihrer ganzen Fremdheit oder Banalität vermitteln.

Wenn jemand wie Stein gewöhnlich eine frontale Haltung zum Text einnimmt, so ist deine eher dezentriert, schräg.

Ich bin kein Regisseur wie Stein, der eine bestimmte Idee von Theater wiederaufleben läßt und sie kraftvoll in die Zukunft projiziert. Bei ihm wird, wenn er inszeniert, die Existenzfrage des Theaters selber gestellt. Seine Art, an einen Text heranzugehen, impliziert immer eine Reflexion über das Theater und seine Geschichte. Ohne Koketterie und ohne falsche Bescheidenheit gesagt: Ich bin nicht so, das ist nicht meine Natur. Dieses Goethesche, diesen Willen zum universalistischen Herangehen respektiere ich aufrichtig, aber er ist nicht meiner. Ich interessiere mich für einen Aspekt des Textes, für die Beziehung eines Menschen zum anderen Menschen, aber nicht eines

Menschen zur Geschichte oder zur Theatergeschichte. Dazu bin ich nicht groß, nicht männlich
genug.

Ich möchte nicht Gefangener einer Kunst und ihres
Ausdrucksmittels werden. Ich möchte sensibel für die
Bilder bleiben, die ein Satz in mir auslöst, und umgekehrt macht mich ein Bild glücklich, wenn es Worte
hervorruft. Ich nähere mich einem Text, indem ich
ihn nach Geschichten, Details, Figuren abfrage. In
diesem Sinn kann ich sagen, ich analysiere den Text
nicht, sondern ich höre ihn ab, versuche ihm zu folgen, ohne ihm seine ursprüngliche Fremdheit zu nehmen. Doch gleichzeitig werde ich ihm gegenüber zum
Vampir, nähre mich von seinem Blut, verleibe mir
seine geheimsten Kräfte ein.

Außerdem mag ich, daß man auf der Bühne die Gesichter sieht, daß die Menschen lebendig sind und
eine beinahe intime Beziehung zum Publikum haben.
Deswegen ziehen mich die großen Theaterräume
nicht an. Am Kino beneide ich, daß es Details zeigen
kann, die nicht ausgesprochen werden. Es gibt zum
Beispiel einen Film von Renoir, *Partie de campagne*,
ein Wunderwerk, in dem zwei Männer zwei Frauen
anmachen, der eine die Mutter, der andere die Tochter, die schon einem anderen versprochen ist. Die
Tochter ist widerspenstig, aber als sie sich einen Se-
kundenbruchteil nicht wehrt, gelingt es ihm, sie zu
küssen. Da sieht man, was man im Theater nie wird
sehen können: eine Einstellung, bei der nur ein Teil
des Gesichts verzweifelt ist. Es ist nicht die Verzweiflung darüber, daß sie sich gehen läßt, sondern die
Verzweiflung beim Gedanken an das Leben, das sie
mit einem anderen wird führen müssen und vor dessen Banalität sie schon Angst hat. Genauso kommt es,

und später trifft sie den Geliebten von damals, und sie gesteht ihm, daß sie jede Nacht an ihn denkt... Und wieder ist ihr Blick außergewöhnlich. Dutzende Worte in einem Blick. Dieses Verständnis für Figuren suche ich.

Obwohl du kein intimes Theater machst, habe ich das Gefühl, du versuchst, in die Menschen hineinzusehen.

Gleichzeitig möchte ich aber auch, daß alles sichtbar wird, daß alles nach außen kommt... Es stimmt vielleicht, was du sagst, aber andererseits mag ich Landschaften, obwohl sie sehr schwierig zu realisieren sind. Im Theater hat das Innere mehr Realität als das Äußere. Wenn der Theaterraum verschwände, gäbe es das Innere immer noch. Manchmal kommt es mir vor, die Mauern des Theaters existierten nur, um es zu schützen. Damit man besser erkennt, wie die Leute leben, gut oder schlecht.

Das findet man bei der Lektüre deiner kleinen Novellen, Erzählungen aus dem gewöhnlichen Leben, das stückweise aus einem Satz oder einer Geste ersteht. Es erinnert mich an Carver, den amerikanischen Schriftsteller, der Tschechow als Vorbild hatte.

Schreiben, das ist meine Leidenschaft. Wäre ich nicht ein nach außen gerichteter Mensch, der kommunikationssüchtig ist und nicht gern lange allein am Tisch sitzt, täte ich nichts anderes. Im Grunde inszeniere ich, weil ich gerne gemeinsam mit anderen Menschen künstlerische Projekte realisiere. Schreiben bringt einen nicht mit anderen zusammen. Aus diesem Grund verlege ich mich nicht ganz darauf. Von Zeit zu Zeit erzähle ich meine Geschichten gern allein, doch die meiste Zeit erzähle ich sie mit anderen zusammen. Sie zirkulieren, es gibt keine Trennung zwischen dem, was ich schreibe, und dem, was ich inszeniere. Beim Fall der Mauer habe ich beispielsweise eine außergewöhnliche Erfahrung gemacht, aus der eine kleine Erzählung, *Die Sätze nach der Mauer*, geworden ist, und gleichzeitig habe ich die Erfahrung bei der Inszenierung von *Schlußchor*, dem Stück von Botho Strauß, verwendet, das von diesem historischen Ereignis und seinem Echo bei den Berlinern handelt. Für mich ist die Wahrheit da, wo ich gerade bin, und für diesen Augenblick organisiere ich mir beim Schreiben oder Inszenieren alles zusammen, Bücher und Ereignisse. Mein Theater ist die Verlängerung dessen, was ich schreiben kann oder will, ein privates Theater, eine kleine private Organisation, wo die Leute von Zeit zu Zeit gern hingehen. Ich habe keine »konzeptionelle« Vision, und ich bin »etablierter« als andere.

Ivan Nagel hat angemerkt, er habe noch nie eine Inszenierung von dir gesehen, die einen Skandal provozierte, es habe nie heftige Reaktionen gegeben.

Außer bei *Macbeth*, wo die Zuschauer außer sich gerieten, als Lady Macduff, die in meiner Inszenierung schwanger war, abgeschlachtet wurde. Es ging mir um das Thema der Unfruchtbarkeit und des Kindermords. Das gab einen Skandal.

Man muß unterscheiden zwischen Skandal und Provokation, die der eigentliche Beweggrund von Kunst ist, insofern man damit das Denken aufstört, Klischees erschüttert, das Menschliche erforscht. Das ist notwendig, aber Skandale mit postpubertären Einfällen zu provozieren, das ödet mich an. Das Publikum kann man auf andere Art gewinnen … Wenn ich inszeniere, denke ich nicht zuerst ans Publikum, ich denke an den Text und an mich selber. So erreiche ich diese Offenheit, diese leichte Heiterkeit, die das pure

178

Gegenteil von falscher Erregung oder falscher Exaltation ist.

In deinen Inszenierungen gibt es eine Vielzahl von Bezügen, aber es ist kein Theater des Bruchs, der Auflösung, der Fragmentierung.

Diese Lust am Unverbundenen findet man in perfekter Ausprägung in den Videoclips. Die Mode des Fragmentarischen hat sich, in Deutschland unter Godards Einfluß, ziemlich verspätet durchgesetzt. Ich finde es allerdings im Kino sehr viel interessanter als im Theater. Die assoziative und disparate Schreibweise von Heiner Müller interessiert mich nicht wirklich, außer in den Aufführungen von Wilson, der als einziger zu einer eigenen Musik fand. Die Person von Müller hat mich mehr gefesselt als seine Stücke und seine Sprache, die so viele Leute fasziniert. Mir bleibt sie fremd, ich finde sie zu machohaft, als wollte er die Sprache vögeln. Er hat eine Dauererektion, eine Art sprachlichen Priapismus.

Ich mag, wenn eine Schreibweise sich wie ein organischer Rhythmus wandelt. Die schönste Aufführung ist die, die einen Atem hat. Ich träume von einer Inszenierung, die einen fließenden Atem wie *Der Fremde* von Camus hat. Das ist schwer zu erreichen, doch immerhin, ich kann sagen, was ich suche.

Während dieser ganzen Gespräche kommst du immer wieder auf die Veränderung, die sich an dir vollzogen hat. Was hat sich verändert?

Manchmal dachte ich, die Entwicklung eines Regisseurs hinge allein von den Texten, die er inszeniert, ab. Heute glaube ich mehr und mehr, es gibt da eine gewisse Eigengesetzlichkeit, der Regisseur hat eine eigene Entwicklung, die sich nicht nur in den Inszenierungen ausdrückt. Andererseits gibt ihm der Umstand, daß er es jedesmal mit einem neuen Text zu tun hat, eine gewisse Freiheit, über die etwa der Schriftsteller nicht verfügt, weil er einer Linie zu folgen oder in einem einzigen Universum zu bleiben versucht. Wenn der Regisseur einer Linie folgt, dann der des immerwährenden Ausprobierens.

Kurz gesagt, ich fühle mich freier.

Hat mit der Zeit die Angst zugenommen oder das Vertrauen?

Im Schauspiel mehr das Vertrauen, in der Oper mehr die Angst.

Eine Frage, die man oft stellt, die ich jetzt am Schluß aber doch stelle: Hast du eine goldene Regel?

Ein Vertrag in Gold!

Und läufst du noch etwas anderem nach?

Der Wahrheit laufe ich nach. Bekanntlich hat man nicht allzu lange zu leben. Also möchte ich sie von Zeit zu Zeit spüren, die Wahrheit. Nicht eine allgemeine Wahrheit, sondern schlicht meine.

Ein leidenschaftlicher Mensch findet immer eine Leidenschaft. Das ist es, was zählt, denn ein Objekt der Begierde kann ein anderes ersetzen. Das denke ich manchmal, wenn ich vom Schauspiel zur Oper wechsle, oder jetzt, wo ich einen Film vorbereite.

Es heißt gelegentlich, die wichtigsten Dinge seien die, die man aufschiebt.

Ich weiß nicht, was ich aufschiebe, ich weiß ja nicht, was aus mir noch wird. Ich freue mich auf dieses oder jenes Stück, das ich machen könnte, doch welches, weiß ich noch nicht.

So frei du mit dem Repertoire umgehst, so frei entscheidest du auch, mit welchen Presseorganen du sprichst, du schließt keines von vornherein aus.

Was für mich zählt, ist die Qualität des Gesprächspartners. Wenn der Gesprächspartner mich anödet, kann ich der größte Idiot oder zum Kotzen sein. Außerdem treffe ich gerne Leute von überall, ich mag die Abkapselung in einem einzigen Milieu nicht.

Früher habe ich gelitten, daß ich von einer Aufführung, die lief, ausgeschlossen war und nicht eingreifen konnte. Ich hielt es nicht aus, dort zu sein. Jetzt inszeniere ich ein Stück, und wenn die Arbeit zu Ende ist, bin ich weg. Ich bleibe nicht mehr bei der Aufführung wie ein Vater bei seinem Kind, das er dann nur an der Entwicklung hindert... Ich bleibe gerne zu Hause, esse oder gehe ins Kino.

Wenn ich nicht inszeniere, leide ich. Das ist ein extremer Masochismus, weil es ja eine komplizierte, unübersichtliche Arbeit mit vielen Problemen ist. Ich bereite einen Film vor, aber Film, das dauert lange, zwei oder drei Jahre. Das ist entsetzlich, und vielleicht ist es auch gut, weil ich in den letzten Jahren ja sehr viel inszeniert habe. Doch wie oft habe ich am Morgen das verrückte Verlangen, auf irgendeine Probe zu gehen. Ich fühle mich wie einer, der sich von einer Frau getrennt hat und sich nach einer gewissen Zeit klar wird, daß er sie immer noch braucht. Verzeih, daß ich so kitschige Vergleiche benütze, aber sie haben den Vorteil, daß sie nahe an der allgemeinen Lebenserfahrung sind. Ich freue mich, diesen Film zu machen, doch ich möchte nicht wie Chéreau das Theater ganz für das Kino aufgeben. Die Atmosphäre einer Probe, zusammen etwas zu entwickeln, dahin zieht es mich immer. Theater ist schwierig, aber es ist eine Struktur, die mich hält und mich vor allem zwingt aufzustehen. Sonst würde ich die ganze Zeit im Bett bleiben, mit Hunderten von Büchern, die ich lesen, und Hunderten von Cassetten, die ich ansehen möchte.

Jetzt inszeniere ich gerade nicht, aber ich mache Theater mit dir. Diese Dialoge sind Minidramen. Ich widerspreche mir darin ständig, aber Theater ist ja selber nichts als Widerspruch. Letztlich würde ich sagen, ich leide, wenn ich nicht inszeniere, weil ich das Gefühl habe, ein Regisseur, der nicht arbeitet, ist nichts.

Als du an Borkman *arbeitetest, hast du mir* Der Zusammenbruch *von Scott Fitzgerald geschenkt. Es war mehr als die Aufforderung, das Buch zu lesen, ich glaube, du hast ihm eine extreme symbolische Bedeutung zugemessen.*

Ja, alle Künstler, die ein bestimmtes Alter erreicht haben, sollten *Der Zusammenbruch* lesen. Es ist der wahrhaftigste, wenn man so sagen kann, der schmerzhafteste Text über den künstlerischen Abstieg. Er handelt davon, weshalb man eine Sache tut und sie dann zerstört, vom Kampf eines Mannes gegen das, was er geschaffen hat und was er repräsentiert. Von Cioran habe ich gerade einen glänzenden Text über den *Zusammenbruch* gelesen, *Die Pascalsche Erfahrung eines amerikanischen Romanciers.* Ja, *Der Zusammenbruch,* das ist die *Zeit in der Hölle* eines Romanciers. Das fasziniert mich. Von dieser Erfahrung komme ich nicht los.

Wenn du formulieren müßtest, was du im Leben bedauerst, was wäre das?

Ich lebe, die Zeit des Bedauerns ist noch nicht gekommen.

Ja, sicher, das Buch, das wir hier machen, hat nichts Memoirenhaftes, aber es scheint mir, Künstler, die wie du die Lebensmitte erreichen, können sich solche Fragen nicht nicht stellen.

Gut, dann würde ich sagen, ich bedaure, daß ich

keine Lösung gefunden habe, mit der Truppe, die ich für das Handke-Stück *Die Stunde da wir nichts voneinander wußten* zusammengebracht hatte, weiterzuarbeiten. Heute, in der Lebensmitte, wie du ziemlich optimistisch sagst, weiß ich, ich kann in jedem Theater zwischen Paris, São Paulo und Tokio alles inszenieren, was ich will. Ich denke, Peter Brook muß sich in der gleichen Situation befunden haben, als er aus dem laufenden Betrieb ausstieg, um sein Centre de Recherche zu gründen und in den Bouffes-du-Nord zu arbeiten. Wie er damals, empfinde ich heute das Bedürfnis, einen festen Ort zu haben, nicht mehr herumzufahren. Ich muß einen Punkt der Konzentration suchen. Und ich möchte es nicht bedauern müssen, daß ich so einen Ort nicht habe finden können ...

Hast du eine Vorstellung von der spezifischen Aufgabe, die dieser Konzentrationspunkt haben könnte?

Es müßte ein Theater sein, in dem die üblichen Trennungen aufgehoben wären. Ich halte es für möglich, an einem Ort das, was man »Boulevard« nennt, und das, was man in Deutschland »Hochkultur« nennt, zusammenzubringen. Alles hängt davon ab, wie man mit beidem umgeht. Es wäre ein Ort, wo man das Vergnügen nicht verachtet, wo die Vergnügungen aber vielfältig sind.

Die Zeit bekommt bei dir eine immer größere Bedeutung.

Das Vertrauen ins Theater ist nichts als das Vertrauen in die Möglichkeit, auf der Bühne etwas über das Geheimnis der Zeit zu erzählen ... Die Art und Weise, wie der Autor sie verstreichen läßt, wie die Schauspieler mit ihr umgehen, wie der Regisseur sie einteilt und rhythmisiert. Ich zum Beispiel mache

Theater ... um die Zeit zu spüren, um sie auszufüllen, und weil wenig davon bleibt ...

Man hat dein Theater als herbstlich bezeichnet, als ein Theater des Verschwindens.

Ja, aber ich möchte, daß dieses Verschwinden sehr lange und sehr angenehm währt.

TEXTE UND ERZÄHLUNGEN

WEG VON WO?

Orte der frühen Erinnerung

Zwei jüdische Emigranten auf einem Schiff nach Hongkong. David: Ist es noch weit bis Hongkong? Stern: Weit von wo?

Für M. L. B.

Die Gründe sind völlig undramatisch. Ich habe nicht bewußt die Schweiz verlassen. Gleitend bin ich weg, und gleitend kehre ich zurück, um wieder wegzugehen. Mir sind Grenzen egal. Meine frühen Erinnerungen entstehen in der Schweiz. Borges hat einmal gesagt, daß wir aus unseren Erinnerungen bestehen, und so spaziere ich in der Welt herum mit einem Teil Schweizer Daseins in mir ...

1948 in Zürich geboren im Rotkreuzspital: Sechsunddreißig Jahre später liege ich in einem Spital in Zürich, um mit dem Leben gegen den Tod zu kämpfen. Weil jeder Schwerkranke ein bißchen regrediert, hatte ich damals das Empfinden, ich sei eigentlich niemals von der Schweiz weggegangen, immer hätte ich in diesem Land geweilt ... Hallo Papa, hallo Mama, heute nacht komme ich ein bißchen später nach Hause.

Es war Winter, wirklich ein unerbittlicher Januar, und ich arbeitete am Schnitt von meinem Film *Das weite Land*, in der Kreuzstraße, welche zum See führt. Um meine Glatze zu wärmen, trug ich einen großen Hut, und sehr oft, vor dem Eingang des Studios, riß ihn mir ein Windstoß herunter: Der Hut rollte hundert Meter weit, ich raste hinter ihm her.

In der Seefeldstraße wartete er auf mich. Ich hob ihn auf, außer Atem. Anstatt ins Studio zurückzugehen, gehe ich eine Straße weiter, in die Feldeggstraße 11, wo mein Großvater N. O. Scarpi lebte und meine Großmutter Madeleine, seine zweite Frau. Durch einen Seitenweg erreicht man die Tür. Die Wohnung meiner Großeltern bildete ein Eck zwischen dem Weg und einem kleinen Hof. Und weil sie im Parterre lag, kletterten wir oft, meine Schwester und ich, durch das hintere Fenster ins Arbeitszimmer von N. O. Scarpi, um ihn zu erschrecken. Er saß vor seiner kleinen schwarzen Hermes-Schreibmaschine und schmunzelte über einen frisch getippten Witz. Manchmal krochen wir der Hauswand entlang, um uns im Wintergarten zu verstecken: Dort, verborgen in einer Truhe, gab es Schokoladewurst, selbstgemachte. Die Wohnung war immer dunkel, und die Menschen drin waren immer Silhouetten. Frau Weise, die Haushälterin, wurde später blind. Blind von dieser Dunkelheit.

Im finstern Gang thronte meine gelähmte Großmutter wie eine Sphinx: Sie fand die erfundenen oder gesammelten Anekdoten von Scarpi relativ komisch.

Ich halte meinen wiedergefundenen Hut fest, ziehe mich an der Fensterkante hoch und schaue durch das Fenster des Wintergartens: Die an Prag erinnernde Wohnung ist weißen, leeren, frisch gestrichenen Werbebüros gewichen; anstelle des Klaviers ein Fax. Wie oft hatte ich mich gefreut, später, als ich nicht mehr in der Schweiz lebte, nach Zürich zu kommen, um meine Großeltern zu besuchen; gleichzeitig war das eine Reise in die österreichisch-ungarische Monarchie, meine »Reise nach Prag«; eine Atmosphäre, dachte ich damals, die man auch bei Schnitzler wiederfindet. Die Wohnung in der Feldeggstraße 11 war das Inbild einer geborgenen Vergangenheit, die noch vor dem Dritten Reich lag.

Doch die allerersten Jahre meines Lebens – in meinem Gedächtnis jedenfalls – sind die Jahre in der Seminarstraße 106.

Sie beschreibt einen großen Bogen zwischen dem Schaffhauserplatz unten und dem Bucheggplatz oben. Der obere Teil erschien mir ländlicher, strenger. Auch ging ich von da aus mit meiner Großmutter mütterlicherseits, Elsa, in den Wald spazieren. In jener Zeit las ich den »Struwwelpeter«, in dem der Suppenkaspar irgendwann das Essen verweigert und durch Gitterstäbe fällt. Ich selber war eine Zeitlang magersüchtig, und in diesem Wald, »die Waid« heißt er, zeigte mir Omi einen Spalt in der Erde: Da wirst du durchgleiten, wenn du nicht essen willst.

Der Schaffhauserplatz, das war schon eher die Stadt: Ein paar Stationen hinunter mit der Elf, und schon sind wir am Bellevueplatz; das ist für das Kind der Zirkus Knie und der Kummer, daß die Vorstellung nach der ersten Nummer schon viel kürzer ist, bald zu Ende ... Faszination für die Liliputaner, die vor dem Zelt standen, meistens neben einem Riesen. Einmal, in Paris, habe ich gesehen, wie ein Zwerg aus einer und ein Riese aus einer anderen Richtung kamen, und wie sie sich kreuzten, dachte ich an eine Sonnenfinsternis. Gleichgültigkeit (oder Neid?) angesichts der Clowns: Im Keller der Seminarstraße gab ich bessere Vorstellungen, die Nase rot bemalt, kostümiert mit einer alten Hose oder einem Pyjama meines anderen Großvaters, Joseph. Er saß derweil in einem alten olivgrünen Fauteuil, kaute noch an seinem Mittagessen herum, spuckte die Häute der Trauben in seine Handgrube und lauschte vor einem hellbraunen Radio dem Sender Beromünster. Er schaute konzentriert auf den kleinen Kasten, wie auf einen Fernsehbildschirm. In Zürich, an diesem Radio, verfolgten wir die Errichtung der Berliner Mauer. Ich höre die Schreie der auseinandergerissenen Familien, die Sirenen der Krankenwagen, die aufgeregten Stimmen der Reporter. Die Mauer in Berlin brachte ich immer mit dem kleinen Radio in der Seminarstraße 106 in Zürich in Verbindung, und als sie fiel, vor zwei Wintern, habe ich alle Nachrichten wie ein Echo aus dem kleinen Kasten gehört ...

Mein erster Fan bei der gegen den Zirkus Knie konkurrierenden Veranstaltung hieß Bärbeli. Sie hatte strähnige, harte Haare. Man hätte sie zählen können. Mädchen, die solche Haare haben, erinnern mich immer noch an Bärbeli. Ich stelle mir sogar vor, daß sie nur Schweizerdeutsch können ...

Meine erste Sprache! Heute schäme ich mich, wenn ich es wage, sie zu sprechen. Sie kommt mir in meinem Mund vor wie eine unsichtbare Prothese. Schkrrrrschkrrr ... Am wenigsten ertrage ich diese zwanghaften Verkürzungen: Tischli, Hüsli, Spaziergängli, Süppli. Weg von diesem Dialekt! O ja. Einmal, eben in diesem »Winter meines Mißvergnügens«, fuhr ich mit einem Freund im Taxi zum Zollikerberg. Im Radio schrien Kinder vor dem Hintergrund einer Marschmusikkapelle. Mein Freund sagte mir: Stell dir vor, in der Schweiz haben vielleicht die Kinder die Macht übernommen. Eine Kinderdiktatur.

Allerdings, wenn Schweizer Hochdeutsch sprechen: dann gefällt es mir. Ich finde es sogar appetitlich. Ich höre noch Max Frisch: trotz Pfeife waren seine Wörter da; es klang prägnant. Bruno Ganz spricht ein selten schönes Deutsch auf der Bühne, weil er seine Sprache aus einer anderen herausmeißelt. Und wie schön ist auch die geschriebene Sprache von Robert Walser. Vielleicht eben: weil sie sich aus diesem animalischen Dialekt zu Schönheit und Grazie befreit.

Die eine Seite der Seminarstraße führte Krieg gegen die andere. Mein erster Freund, Georg, ebenfalls aus der Seminarstraße 106, verriet mich an die feindliche Partei: Ich werde gefangengenommen und an eine Buche gefesselt, mit einer Gerte ausgepeitscht. Die Erinnerung des Gefesselten reißt einen anderen Vorhang in meiner schweizerischen Vergangenheit auf: Ein Badezimmer. Ich liege in einer Badewanne, die Hände hinter dem Rücken verkrallt. Auf meine Brust knallt der Inhalt von zehn Kübeln eiskalten Wassers. Der Direktor des Internats Montolieu (lebt er noch?) über dem Genfer See greift zu einem Teppichklopfer und setzt auf meinem nassen Po die Strafe fort: zehn, zwanzig Schläge, proportional zur Schwere des Delikts ...

Ich habe meinen Eltern einen Brief geschrieben: »Hilfe!« stand unter anderem darin. Weg ... weg ... eher von den Schlägen als von der Schweiz. Ich kam nach Paris. Dort lebten meine Eltern, und ich verlernte das Schweizerdeutsche.

Als ich zur Musterung geladen wurde, kamen mir der Krieg in der Seminarstraße, die physischen Strafen im Schweizer Internat wieder hoch, und ich wurde krank bei der Vorstellung, schwer gerüstet in den Alpen herumzuklettern. Ich fiel großartig durch. Nicht aus Pazifismus war ich erleichtert, nein: Die Schweiz war damals einfach männlicher als ich. Überhaupt: ich verband die Schweiz mit etwas Maskulinem, Rauhem. Ich war der Empfindsame, nicht männlich genug für die Schweiz.

Ich komme heute immer wieder in die Schweiz zurück: Das Engadin ist mein liebster Ferienort überhaupt. Die Luft dort inspiriert mich... Ich mag an Zürich, daß diese Stadt keine wirkliche Stadt ist, daß der Übergang zum Land unklar ist. Wenn der See vor einem Gewitter dunkel wird und die Schwäne fahler, dann wird Zürich sogar mysteriös, traumhaft. Das sehe ich von überall aus.

EIN INTERNATSHELD

Ich habe immer gerne Internatsgeschichten gelesen. Zu einer bestimmten Zeit war *If* von Lindsay Anderson mein Lieblingsfilm. Mitte der sechziger Jahre habe ich mich mit Törleß, dem Helden von Musils *Die Verwirrungen des Zöglings Törleß*, identifiziert. Ich selber kann mich zu den paar Helden dieser einzigartigen Welt zählen, da ich zehn Jahre meines Lebens in Internaten verbracht habe. Das erste Mal zwei Jahre in der französischen Schweiz oberhalb von Montreux in einem großen Hotel, das über die Weinberge und den Genfer See schaute – heute verabscheue ich diesen See, an dem immerhin Charlie Chaplin und Vladimir Nabokov wohnten. Das Internat hieß Montolieu. Ich glaube, es hat nach einem Skandal, in den sein Direktor verwickelt war, zugemacht. (Warum habe ich nie recherchiert, welche Art Skandal?)

Dieser Herr, untersetzt, kräftig und klein, hieß Krötzli. Herr Direktor Krötzli. Er mochte die Knaben. Die Schule war gemischt, aber er zog entschieden die Knaben den Mädchen vor.

»Salut, André, gut geschlafen?« Und er tätschelte dem Schüler dabei die Wangen, ließ die Hand zum Kinn gleiten, schüttelte es nach der Art eines Sklavenhalters.

Montolieu hatte einen anthroposophischen Anspruch: Im Speisesaal, in der Eingangshalle und in den Klassenzimmern hing ein großes Porträt des Pädagogen Rudolf Steiner. Einige Jahre später las ich in Kafkas Tagebüchern, daß der Prager Schriftsteller sich der Anthroposophie anschließen wollte und Rudolf Steiner deshalb aufgesucht hatte. In den zweideutigen Antworten der Erzieher von Montolieu und in den düsteren Fluren des großen Gebäudes hätte Kafka Stoff gefunden ...

Der Ort war wunderschön: das alte Hotel von 1900 über dem Genfer See, dahinter die Alpenfirne. Aber darin habe ich Augenblicke des Schreckens erlebt, die mir noch heute Gefühle des Selbstmitleids verursachen.

Die Anthroposophen praktizieren eine Art Tanzkult: die Eurythmie. In einem schürzenartigen rosa Gewand, in weißen, von einem Gummiband gehaltenen Schläppchen vollführten wir einen Tanz oder eher eine Reihe von Gesten, die die Sonne, das Meer, einen Fluß, einen Baum darstellten. Frau Krötzli, Eurythmielehrerin, schwebte über das Parkett und deklamierte die Worte, die zu illustrieren waren: *Die Sonne:* zwei Schritte vor, einen Fuß nach hinten und mit den Armen ein großes Rad in die Luft ... *Der Mond:* Kopf nach hinten, ein Knie auf die Erde, dann zwei Schritte nach hinten ...

»Luc, du respektierst den Mond nicht, halt dich im Gleichgewicht.« Oder aber: »Luc, deine Sonne ist gleich undeutlich wie deine linkshändige Schrift.«

»Gong ... Gong ... Gong«, ein Schüler schlug den Gong zum Mittagessen.

Wir stürzten in die Garderoben, um unsere Ausstaffierung loszuwerden – wir sahen wie rosa Kartoffelsäcke aus –, dann nahmen wir unsere Plätze im Speisesaal ein.

»Luc, nicht hier, du sitzt schon zum zweiten Mal neben Hans. Dort, setz dich neben Max.«

Max schmierte sich Brillantine ins Haar. Er hatte

Metzgerhände. Die eine Hand ballte er gerne zur Faust, wenn ihn etwas störte. Ich gab ihm mein Butterbrot, damit er mich in Ruhe ließ.

Vor dem Essen mußten wir uns alle die Hände reichen – ein Kreis – und »*Gesegnete Mahlzeit*« sagen.

Zum Mittagessen gab es für uns Milch. Da ich nicht gleich trank, bildete sich eine dünne Haut. »Tunk deine Finger nicht in die Tasse, die Haut ist auch Milch.«

»Monsieur Fernando, dann muß ich aber kotzen ...«

»Sag am Tisch nicht ›kotzen‹, das ist schmutzig.«

Fernando war ein junger ehrgeiziger Sportlehrer aus Andalusien. Direktor Krötzli zog ihn allen anderen Erziehern vor; zweifellos wegen der breiten Schultern und der wilden Mähne.

Viel lieber mochte ich den Lehrer André Brulart. Er war aus dem Jura. Ein großer, magerer, zerbrechlicher Herr, der stets die eine Hand gegen den Rücken stützte. Er litt an Rheumatismus, und seine ganzen schönen Geschichten über den Ursprung Galliens, über Vercingetorix und das Römische Reich wurden von einer Schmerzensgrimasse unterbrochen, zu der sein Gesicht erstarrte. Bei André Brularts Gesicht fallen mir immer die gallischen Schlachtfelder ein. Er hatte seine Frau bei einem Bergunfall verloren. Seine einzige Tochter war bei uns im Internat. Michèle – in dem Augenblick fällt mir ihr Name ein – schützte ihren Vater vor den alltäglichen Demütigungen. Die Schüler machten sich über seine Ungeschicklichkeit lustig. Ich war auch ungeschickt – ich bin es noch heute –, deshalb hatte Monsieur Brulart, ohne seine Zurückhaltung aufzugeben, ein beinah brüderliches Auge auf mich.

Er zerbrach Kreide um Kreide, weil er an der Tafel zu stark aufdrückte, und zu seinen Füßen bildete sich ein kleiner Mehlsee.

Eines Tages dreht er sich wegen des Radaus, der sich in seinem Rücken erhebt, um, hochrot, zitternd, und schmeißt mit so einer Wucht, daß er fast das Gleichgewicht verliert, einem von uns den Schwamm an den Kopf. Und in seinem schweizerischen Französisch singt er beinah: »Ecoutez un peu tout de même. C'est pas chic tout de même.«

Jetzt ist er stumm und konsterniert von seinem eigenen Ausbruch. Michèle erhebt sich von ihrer Bank, nimmt ihren Vater bei der Hand und geht mit ihm auf den Flur hinaus. Dort machen sie ihre hundert Schritte. Heiter kommt er zurück, als wäre nichts geschehen, und fährt fort: »Hannibal, man wird ihn nie vergessen, denn eines Tages im Jahre ...«

Das Ende der fünfziger Jahre habe ich im Institut Montolieu verbracht, und ich erinnere mich an so wenig. Ich fühlte mich dort nicht übermäßig geschätzt, den Grund verstand ich aber erst etwas später. Da gab es einen Schüler, David Epstein, der sechs Monate vor meinem Abgang ins Internat eingetreten war.

Im Garten – nein, es war ein großer Park – spielten zehn jüngere Knaben mit David Stierkampf; er, der Stier, lief rot an und heulte. Er stürmte auf das Trikot zu, das einer seiner Verfolger hielt, und in dem Moment, wo er gegen die »Muleta« stieß, schlug ihm ein anderer aufs Genick. »Olé.« David schluchzte. »Los, ein bißchen Mut, Jude, olé.«

Ein andermal führten sie ihn in die große Halle, hielten ihn an Armen und Beinen und spielten »Vierteilen«. Ich erinnere mich, daß der Direktor bei dieser Szene, ohne einzugreifen, dabeistand. Kann es sein, daß er sich amüsiert hat?

Ein paar Jahre später blätterte ich in der Bibliothek meines Vaters heimlich in dem Buch über Hitlers Konzentrationslager, *Der gelbe Stern.* Dieser Fotoband war meinen Schwestern und mir wegen der rachitischen Kinder, der Berge von Zähnen und Leichen untersagt. Auf einem Foto waren ein alter Häftling mit verbundenen Augen und vier Offiziere um ihn herum, die lachten. Sie spielten Blindekuh. Warum war der Direktor nicht eingeschritten? Diese sadistischen Spiele an dem Ort, an dem wir die Sonne, die Sterne und den Bach, den wir nachts hörten, zelebrierten, zielten sie nicht auf die Herkunft von David Epstein?

Ich erinnere mich, er war groß wie der Riese aus dem Fotobuch von Diane Arbus, der mit seinen Eltern gebückt in dem kleinen Apartment in Brooklyn steht. Auf den schwarzen Locken, am Hinterkopf, trug er eine Kippa aus Seide, er stotterte ein wenig und putzte sich nie die Nase. Ich war überrascht, eines Tages zu erfahren, daß ich dieselbe Herkunft hatte wie David Epstein.

Die Bestrafungen, die der Direktor erfand, hingen mit seiner Neigung zu Knaben und auch ein wenig mit seinem Verhältnis zu Juden zusammen. (Ich sage nicht, denke es übrigens auch nie, daß die beiden Dinge zusammenhängen, aber in diesem Fall, in Montolieu, oberhalb von Montreux und dem wunderschönen Genfer See ...)

Man steckte uns in eine Badewanne. Der Direktor ließ sich von seinen zwei Lieblingszöglingen assistieren (ich sehe Max mit seinen Metzgerhänden). Sie hielten uns fest und schütteten uns – wir waren ausgestreckt, Hände auf dem Rücken – große Kübel mit

197

kaltem Wasser auf die Brust, einen, zwei, acht, zwanzig Kübel, je nach Delikt. Und zwischen diesen eisigen Schocks mußten wir uns aufrichten und bekamen – je nach Delikt – einen, vier, fünfzehn Schläge mit dem Teppichklopfer. Der Po brannte uns, als hätten wir auf Feuer gesessen.

Erschöpft gingen wir am späten Nachmittag zu Bett; auf dem Parkett des Schlafsaals verschwanden gerade sacht die letzten Sonnenstrahlen. *Die Sonne! Die Sonne!* Vom Tanzsaal her hörten wir die Eurythmieschritte und das Säuseln der Tänzer, die ein Gedicht von Goethe aufsagten: *»Wer reitet so spät durch Nacht und Wind? ...«* Und es war so schwierig, ja unmöglich, eine Position zu finden, in der das Laken unsere Striemen nicht berührte.

Montolieu war eine sehr sportliche Welt, und in meiner Erinnerung waren die Kinder dort groß und stark, ja, ich sehe nur Kolosse vor mir, Knaben und Mädchen. Wenn sie durch den Flur kamen, mußte man sich an die Wand drücken, um sie zu grüßen, fast wie in Habachtstellung. Da war eine schöne Australierin: Eva. Ihr Pferdeschwanz hob sich leicht, bevor er den hinter ihr, der ihr zu nahe kam, peitschte. Zu mir sagte sie: »Irgendwann muß ich dich schlagen, so geht mir dein Gesicht auf die Nerven.«

Ich hatte Angst. Übrigens zu Recht. An einem Morgen arbeiteten wir in der Tischlerei an kleinen Holzgegenständen für Weihnachten – wie soll man die anthroposophische Kunst beschreiben? –, immer ovale und runde Formen, auf jeden Fall ohne rechte Winkel und vor allem abstrakt. Eva trug eine grüne Schürze. Sie nahm sie mit der einen Hand ab und ging auf ihr Opfer zu. Fast flüsternd sagte sie zu mir: »Dein Gesicht geht mir auf die Nerven ...« Ich gab ihr eine Antwort, leider, ich sagte: »Deines ist perfekt, Eva.«

Der Schlag beendet meine Erinnerungen an Montolieu. Blut, viel Blut auf dem Holz und auf meinen Kleidern. Ich schließe die Augen, sie schlägt immer noch, die Australierin.

Ein Telegramm: »Kommt mich holen. Hilfe.«

Zwei Jahre später (dazwischen wären verschiedene Schulen in Paris zu vermelden, ein weißes Blatt mit einem dicken Tintenklecks – die Tränen meines Füllers sozusagen –, ein schriftliches Diktat, in dem aus »les vautours noyés dans le ciel« »les veaux tournoyaient dans le ciel« wurde, außerdem noch ein Trostpreis: *La Chèvre de M. Seguin*), zwei Jahre später also saß dieser Internatshelden-Anwärter auf einem kleinen Felsen in einer Schlucht in den östlichen Pyrenäen, zwei Kilometer von Mosset, einer Ansammlung von Häusern, die wie Ziegen den Hang hinaufgeklettert schienen; es war August, und er sagte zu den Nußbäumen und zum Ginster: »Was hab ich nur hier verloren?«

Wenn Madame Krüger (wir nannten sie Yvès) präzis zu Mittag die Tür ihres Büros halb öffnete, vor dem wir einer nach dem anderen gewartet hatten, da merkten wir schon an der Art, wie sie uns mit ihren zusammengekniffenen Wildkatzenaugen musterte, an der Zeit, die sie unsere Hand in der ihren ließ, und an der Stärke oder Gleichgültigkeit ihres Händedrucks, ob es diese Woche, diesen Monat gut oder nicht gut um uns stand.

Es kam auch vor, daß sie einen von uns an der Hand beiseitezog und flüsterte: »Mit dir hab ich zu reden ...« Dann ging ich die ganze Woche im Gedächtnis zurück, um den Grund für die drohende Unterredung zu finden; schnell, schnell, was kann es sein? Ich brauchte eine Entschuldigung, eine Ausrede, aber wofür?

Das Internat (es lehnte diese Bezeichnung übrigens ab) nannte sich Communauté de la Coûme, und seine Erziehungsphilosophie war weniger verlogen als in Montolieu. Quäkerismus, Kommunismus, Fourierismus, Calvinismus und vor allem die Intuition von Madame Krüger: annähernd so kann man die geistigen Strömungen an diesem Ort zusammenfassen, wo ich acht Jahre meines Lebens verbracht habe.

Man duzte die Lehrer. Sie selber verstanden sich als »Gruppe«.

»Die Gruppe hat Grund, sich über dich zu beklagen. Schau mich nicht so an, du weißt genau, weshalb!«

»Aber Madame …«

»Ich heiße Yvès, es ist übrigens kein Wunder, daß du es vergißt. Du suchst keinen Anschluß an die Gruppe, du tratschst lieber in der Waschküche herum.«

Das war so ein Gespräch in Yvès' Büro, das ich behalten habe, im ersten Herbst, den ich dort verbrachte.

Das Du ergab eine kumpelhafte Atmosphäre, die aber Sexualität unausgesprochen ausschloß. Man hütete sich, darüber zu sprechen. Mit dreizehn packte mich eine unglaubliche Lust, dieses Tabu zu brechen. Ich wollte zweifellos Gewißheit, daß die, die wir »die Erwachsenen« nannten, nicht anders und auf einem anderen Planeten empfangen worden waren. Die Prüfung bestand ich bei Mademoiselle Grangeon. Wir sagten Yvonne zu ihr.

Yvès wie einer Göttin ergeben, war sie einer der widersprüchlichsten, anziehendsten, altmodischsten Menschen, die ich in meinem Leben kennenlernen durfte. Sie war dünn, klein, ihre Stimme war spitz.

Am frühen Morgen, wenn sie sich den Schlafsälen näherte, errieten wir sie an ihren kurzen Schritten: Brüsk, mit unerhörter Kraft öffnete sie die Tür, eilte zu den Fenstern und riß die Flügel auf. »Aufstehen!«

An so einem Morgen wartete ich, bis die anderen Zöglinge unter die Dusche gegangen waren, und stellte ihr die Frage: »Yvonne ... Machen die Tiere Kinder aus Lust oder aus Instinkt?« (Es war mir gelungen, den Begriff »Lust« in meinem Satz unterzubringen, und das war mein Ziel.)

Worauf sie, wie aus der Pistole geschossen: »Aus Instinkt! Aus Instinkt!«

Sie unterrichtete Französisch, Latein und Mathematik. Ihre Fächer gab sie mit einer so lustvollen Intensität, daß wir den Kopf nicht zu wenden wagten: Die Stunden vergingen im Flug. In räumlicher Geometrie hielt sie ein weißes Blatt vor den Busen und sagte mit ihrer spitzen, durchdringenden Stimme: »Wir haben hier einen stumpfen Winkel ... von hier geht eine Parallele ...«

Sie ließ mich nach meiner Art durch die Prüfungen kommen: Ihre größte Heldentat war es, mich bis zur mittleren Reife zu bringen. Endlich jemand, der an mich glaubte!

Als ich entschlossen war, möglichst rasch von der Schule abzugehen und mich so schnell wie möglich auf etwas wie eine Schauspielerlaufbahn zu werfen, krallte sie sich an mir fest und ließ nicht locker. Im Klassenzimmer, es ging auf eine Schlucht, die mir durch ihre Abschüssigkeit die Notwendigkeit einredete, etwas im Leben zu lernen, lag mir Yvonne nächtelang mit lateinischen Deklinationen und Euklidschen Axiomen in den Ohren. Verlor ich den Faden, so schlug sie mit ihrer Kinderfaust auf den

Tisch und schrie: »Das Maß ist voll, Luc, meine Geduld ist vorbei ...«

Um halb sieben Uhr früh putzten wir mit ihr im Schuppen das Gemüse für das Mittagessen: ein Brett auf zwei Hockern, über uns eine Lampe und zwischen unseren kältestarren Fingern dicke Karotten; wir schälten sie mit dem Messer. Nostalgisch denke ich daran zurück. Die spartanische Erziehung zog ich den anthroposophischen Darstellungen des Mondes und der Wellen in Ballerinaschläppchen vor.

Die Kinder, die in diesem alten Gemäuer bei Prades, im französischen Teil Kataloniens, untergebracht waren, galten als »schwierige Kinder«. Mein Bild: die, die sich noch die Schuhe zubinden, wenn ihre Familie schon Meilen voraus ist.

Unter uns Gérard Mantet. Wie könnte ich Gérard Mantet vergessen? Als sie ihn in La Coûme ablieferte, sagte seine Mutter zur »Gruppe«: »Unser Sohn ist ein großer Fleischesser, er braucht mindestens fünfhundert Gramm Fleisch am Tag.« Er war fett und stark weitsichtig. Mit den dicken Brillengläsern hatte er etwas von einem Karpfen, der mit dem Mund an die Aquariumscheibe stößt. Seine Welt bestand nur aus Zahlen. Sah er fünfzehn Autos hintereinander den Col de Jau herunterkommen, behielt er jedes Nummernschild im Gedächtnis. Beim Abendessen zählte er sie stolz auf: »403 grau, 7862 VM 66.«

Über sein Arithmetikbuch gebeugt – Rechnen hatten wir bei Madame Krüger –, addierte Gérard die Seitenzahl, die Nummer der Übung, sämtliche in der Aufgabe vorkommenden Zahlen zusammen. Er kam zu schwindelerregenden Ergebnissen wie einem drei Tonnen schweren Hasen oder einer vierzig Meter langen Wurst.

Es passierte gelegentlich, daß wir nach dem Frühstück noch etwas Hunger hatten. Die Menge der Butterbrote war nach Altersstufen rationiert: unter zwölf Jahren zwei Butterbrote, zwischen zwölf und vierzehn drei Butterbrote, für mich vier, weil ich immer der älteste war ... (Manchmal muß ich in der Klasse wie ein fremder Besucher gewirkt haben, da mein Alter in keiner Beziehung zu dem der anderen Schüler stand.) Nun denn, mein Kamerad Gérard Mantet litt Hunger. Er fand Abhilfe: Auch im Sommer trug er einen Wollpullover, dessen Ärmel er auf Brotkrümel, auf Konfitürenflecken, auf alles legte, stützte, preßte, was neben den Tellern verstreut war.

Später während des Unterrichts klaubte er es, für Stunden versorgt, aus dem Pullover.

Jacques Darmes diskutierte mit dreizehn über Hegel, über Schopenhauer. Er identifizierte sich mit Jean-Paul Sartre, und es stimmt: Auf dem Umschlag der Taschenbuchausgabe von *Die Wörter* war eine Karikatur von Levine, die einen Sartre mit riesigem Kopf auf dünnem Körper darstellte, und der glich meinem Internatskameraden Jacques Darmes. Für Ideen konnte er handgreiflich werden: Wenn ich beim Namen einer Hauptstadt nicht mit ihm übereinstimmte, zog er mich bei den Haaren, bis ich ihm recht gab, und da er aus Amiens kam, war Amiens die Hauptstadt Frankreichs.

Vor nicht allzu langer Zeit hat er sich in einer Irrenanstalt umgebracht. Als ich meine Freunde von La Coûme wieder besuchen kam, vielleicht um ihnen durch meine Anwesenheit zu beweisen, daß ich noch nicht verloren war, mir mein Leben verdiente, Zigaretten rauchte und die Liebe kannte, erfuhr ich von Monique (durch sie habe ich das Theater entdeckt), wie es meinen Internatskameraden ergangen war. Was für ein Schock: meine Banknachbarin, M ..., die ich auf die von Brombeeren roten Lippen geküßt hatte, war von einem Lastauto, das in der Pariser Banlieu auf ein Trottoir raste, überfahren worden. M ... kam mich ein Jahr nach ihrem Abgang von La Coûme in Deutschland besuchen: »Jetzt schlafen wir miteinander, weil uns jetzt niemand daran hindern kann.« Die Lust rührte daher, daß wir uns auf köstliche Weise schuldig, aber frei fühlten, daß wir uns vormachten, wir täten etwas hinter dem Rücken der Gemeinschaft.

Acht Jahre habe ich in dieser Schlucht verbracht, und in gewisser Weise verlor ich dort den Kontakt zur Realität einer Stadt, mit ihren Kinos, Cafés, Restaurants ... Indem ich mich wie ein Mönch, der für immer einem Orden beitritt, der reinen Gemeinschaftsideologie anschloß, drehte ich allem den Rücken, was den etwas sektiererischen Geist dieses Universums stören konnte. Die Schule war konfessionslos, doch auf dem Dach des Hauptgebäudes wachte eine Madonna aus gelbem Stein über uns. Die Welt außerhalb von La Coûme hieß »draußen«, aus Yvès' Mund klang das Wort sehr pejorativ. Man fuhr »hinunter« nach Paris. Man kam wieder »hinauf« nach La Coûme.

»Typisch für diese Kinder von draußen«, sagte sie. Trotzdem, wenn ein Auto den kleinen Weg hochkletterte, der an der Umfriedung unserer Einsiedelei mündete, drängten wir Schüler auf die Terrasse vor dem Refektorium; das Benehmen und die schickere Kleidung der Städter erregten uns, und Scheinwerfer ließen uns nachts vor Freude zittern.

In den Annalen des zügellosesten Opportunismus wird man verzeichnet finden, daß 1963 ein Knabe von vierzehn Jahren am Tag vor den Weihnachtsferien zur Direktorin von La Coûme ging und zu ihr sagte: »Ich habe nachgedacht. Alle fahren in die Ferien. Was werden sie dort tun? Essen wie die Scheunendrescher und dafür die verdienten Leberbeschwerden kriegen. Brüder und Schwestern wiedersehen, die vom turbulenten Leben draußen erschöpft sind. Zusammen werden sie nichts Besseres zu tun haben, als vor der Glotze zu kleben und von früh bis spät die blödesten Sendungen anzuschauen, die einem den Schlaf rauben. Alkohol. Verführungen. Nein, ich bleibe bei Ihnen. Meine Eltern werden gekränkt sein, was soll's. Paris ist schlecht für mich.«

Von diesem Tag an wurde ich wie ein Held in kommunistischen Ländern den anderen (den Glücklichen), die aus Paris zurückkamen, als Vorbild hingestellt: »In was für einem Zustand kommst du aus den Ferien zurück, blaß, nervös, unkonzentriert. Du bist gar nicht mehr auf dem Posten. Schau dir ihn an (ich schüttelte grade mein Deckbett zurecht), er hat heute früh am sorgfältigsten sein Bett gemacht.«

Innerlich litt ich unter dem leicht heuchlerischen Verzicht: Er wog weder einen Western im Kino von Ranelagh noch ein warmes Schaumbad auf (dort krümmte man sich in aller Frühe unter einem Hahn mit Gletscherwasser von den Pyrenäen).

Nachts ließ ich mir dann im Schlafsaal Canigou – so heißt der Berg – im Dunkeln die Filme erzählen. Von seinem Bett aus machte einer der Knaben die Musik des Vorspanns und den MGM-Löwen nach, ein anderer die Gewehrsalven, und ein dritter sagte mit englischem Akzent: »Du kommst von weit, John Crown. – Ja, Charles Hope, und ich komme dich holen.«

ÄHNLICHKEIT

»Du ähnelst mehr und mehr deinem Großvater.«

Ich wollte lieber mehr und mehr meinem Vater ähneln.

»Ja, aber Familienähnlichkeiten überspringen eine Generation, wie du weißt.«

Ich gehe ins Badezimmer, stelle mich vor den Spiegel. Seit Jahren vermeide ich es, mich im Spiegel anzuschauen. Es gelingt mir nicht, eine Verbindung herzustellen zwischen meinem Äußeren und dem, was ich bin. Sehe ich dümmer aus, als ich bin, oder bin ich noch dümmer, als ich aussehe? Mit diesem Gesicht trete ich also vor meine Freunde und sage dies und jenes.

Provoziert also von einem Freund, der findet, ich ähnle mehr und mehr meinem Großvater (äußerlich, was für mich selbstverständlich auch innerlich heißt), sehe ich mir die Sache vor dem Spiegel an ...

Das erste, was mir auffällt: ein gewisser ironischer Ausdruck, der vielleicht ganz einfach mit der Prüfung zusammenhängt, der ich mich gerade unterziehe ... Unlängst beim Zähneputzen habe ich diese leicht spöttische Miene bemerkt, hinter der sich ein kleiner Scherz zum Amüsement derer, die mir in den nächsten Tagen als erste über den Weg laufen, verbirgt. Die Anekdote liegt mir nicht nur auf der Zunge; ja, dieser leicht ironische Ausdruck zieht meine Unterlippe nach oben wie auf einer politischen Karikatur von Plantu.

Als kleiner Junge träumte ich davon, Paul Anka zu sein. Ich drückte ganze Tuben Brillantine auf meine kastanienbraunen Locken, neigte den Kopf leicht zur Seite und sang vor dem Spiegel: »*I'm so young and you're so old ... Oh, Diana.*« Haare habe ich heute so viele, wie ich Paul Anka heiße, aber vor dem Spiegel kann ich eine Glatze wie mein Großvater vorweisen, ohne allzu viele Falten glücklicherweise. Tröstlich: mein Vater (dem ich fast lieber als meinem Großvater oder Paul Anka ähneln möchte) trägt seit ewigen Zeiten eine leicht bronzefarbene Glatze zur Schau, bekränzt von schwarzen und grauen Locken, die jetzt so dünn sind wie Fliegenbeine. Da mein Vater ein Gelehrter ist, könnte diese Glatze eine Universalenzyklopädie als Einband schmücken.

Zurück zu seinem Vater, meinem Großvater. Wie bei einem alten Barpianisten wirkten seine Haare, ein paar Millimeter auseinanderstehend, buchstäblich wie an seinen Schädel geklebt.

Ich fahre fort, mich zu beobachten, und schalte die Erinnerungen an meinen Großvater, Fritz Bondy, aus Prag ein, Sohn von Heinrich Teveles, Direktor des Deutschen Theaters Prag, verheiratet mit Charlotte Bondy, einer Prager Schauspielerin: alle drei sind in den Tagebüchern von Arthur Schnitzler erwähnt; Kafka spricht geringschätzig von einer Aufführung, der er in dem Theater beigewohnt hat.

In seiner zweiten Lebenshälfte sammelte mein Großvater Witze und Anekdoten; die Witze verachtete er ein bißchen als das Proletariat der Anekdote, und die Anekdoten setzten illustre Persönlichkeiten in Szene, wie den Kardinal Retz, den Kaiser Franz Joseph oder Katharina die Große. Und Komponisten, berühmte Sängerinnen, Schauspielerinnen ...

Unlängst hörte ich mich in einer Brasserie zu meiner künftigen Frau sagen: »Über den Berater von Mitterand, Jacques Attali, erzählt man ...« – »Laß uns mit deinen Anekdoten in Frieden«, schnitt mir ein befreundeter Schriftsteller, der bei uns saß, das Wort ab, »das interessiert niemanden ...« Ich wurde rot, und jetzt vor dem Spiegel, während ich an meinen Großvater selig denke, der den Schriftstellernamen N. O. Scarpi trug, sage ich mir: »Wie mein Großvater.«

Er hatte seine erste Frau Margit in Davos verloren. Sie litt an Tuberkulose und verstarb im Alter von neunundzwanzig Jahren. Er verheiratete sich wieder, mit der französischen Gouvernante meines Vaters, die an schwerer Kinderlähmung litt. Meine Großmutter Madeleine bewegte sich in ihrer düsteren Wohnung in Zürich, indem sie sich mit den Händen abstützte, von der Kommode zum großen Lederfauteuil, der im Flur stand. Dort verbrachte sie ganze Tage, gab meinem Großvater mit ihrer tiefen, männlichen Stimme Anweisungen oder erzählte uns Geschichten aus der Vergangenheit. Ich mochte diese gebieterische Frau wegen ihrer tiefen Stimme, ich hätte mir hundertmal dieselben Geschichten anhören können. Sie machte Zaubertricks, die sie mit dem Satz einleitete: »Nichts in den Händen, nichts in den Taschen.«

Am Ende des Flurs, in der Bibliothek, tippte mein Großvater eine Schlüpfrigkeit, die Madame de Montpensier zu Madame de Maintenon gesagt hatte. Es war irgend etwas aus Saint-Simons Memoiren in der Bearbeitung von Fritz Bondy. Kaum hatte er sein Histörchen fertig, tauchte er vor Madeleines Thron auf, unterbrach sie bei ihrem »Nichts in den Händen, nichts in den Taschen« und las es ihr vor. Meine

Großmutter verdrehte enerviert die Augen, und Fritz beendete seine Lesung mit einem kleinen boshaften Lächeln, das seine Zufriedenheit mit dem eigenen Witz ausdrückte.

Dann verschwand er in seinem Arbeitszimmer und machte sich an eine der Erzählungen von Maupassant, die er mit großem Erfolg ins Deutsche übersetzt hat. Wenn die Anekdoten uns, meine Schwestern und mich, auch langweilten, so waren wir erpicht auf die »unanständigen« Witze, wie man früher sagte. Diese standen, damit wir sie nicht erreichen konnten, ganz oben in der Bibliothek. Sie waren gebunden wie das Alte Testament. Oft trug ich meine kleine Schwester, während Großvater da war, auf den Schultern, damit sie an eine dieser Broschüren gelangte. Scarpi, komplizenhaft, tat, als merke er nichts. Madeleine, ganz hinten im Flur, war durch unsere auffälligen Anstrengungen, nicht zu atmen, aufmerksam geworden und hatte erraten, was sich in der »Witz- und Anekdotenbibliothek« tat. »Fritz, greif ein!« krächzte sie.

Wir hatten nur eine kurze Witzgeschichte lesen können im Stil von: »Ein Friseur, der einen Salon im fünfzehnten Stock eines Hochhauses hat, beschließt, im ersten Stock zu arbeiten. Am nächsten Tag kann man folgendes Schild lesen: ›Ab heute schneide ich die Haare unten.‹«

Fritz war großzügig, er gab uns gerne ein paar Batzen »zum Sparen«. Aus seiner Tasche holte er eine enorme Brieftasche, die mehr aus Wochenblättern ausgeschnittene Anekdoten enthielt als Geld, und steckte jedem von uns zehn Schweizerfranken zu. Von ihrem Thron aus hatte Madeleine alles gesehen: »Fritz, die Hälfte langt«, entrüstete sie sich. Heute entdecke ich zwischen ihrem Satz als Zauberkünstlerin, »Nichts in den Händen, nichts in den Taschen«, und so einer Episode eine Beziehung.

Fritz Bondy, dem ich mehr und mehr ähnle, hatte den Kopf eines Genies. Er war von einem Kreis von Frauen umschwärmt. Im Flur über Madeleines Thron (oder war es gegenüber?) hing das Aquarell, das eine seiner »Fans« gemalt hatte, *N. O. Scarpi, umgeben von seinem Harem.* Es waren ältere Damen, die eifrig seine Anekdoten lasen und sich schieflachten.

In Paris habe ich eine Freundin, die mich von Zeit zu Zeit anruft: »Komm her und bring uns heute abend zum Lachen, du bist so komisch, wenn du deine Geschichten erzählst …« Ich sage nein und sehe über oder gegenüber Madeleine den Harem meines Großvaters vor mir. Er bekam die Parkinsonsche Krankheit. Von da an wollte er alles selber machen. Den Vier-Uhr-Tee mit feinen alten chinesischen Tassen auf einem Tablett aus bemaltem Zedernholz bereiten: ein klapperndes Ritual, bei dem niemand eingreifen durfte. Jedesmal hörten wir, wie das kostbare Geschirr aneinanderstieß, das er festzuhalten versuchte. Madeleine verdrehte die Augen wie bei den Anekdoten, die sie für überflüssig hielt, und mit ihrer belegten, tiefen Stimme sagte sie: »Er will alles selber machen … mein General.« Sie verglich ihn mit General de Gaulle. Sie hatten beide die gleiche imposante Figur.

Eines Tages beschloß »mein General«, nachdem er seit Jahre kein Steuer mehr in der Hand gehabt hatte, meine Großmutter in die Umgebung von Zürich auszufahren. Er fuhr mit zwanzig Stundenkilometern. Und bei dieser Geschwindigkeit schleuderte er das Auto und Madeleine gegen einen Baum.

Sie erholte sich nicht mehr und starb zwei Monate später.

Fritz war allein, stand im düsteren Flur an der Feldeggstraße und wurde für einige Zeit verrückt. Er sprach mit ihr, die Augen zur Decke gerichtet: »Wir fahren nach Venedig ... Madeleine, nach Venedig.«

War es ein Versprechen, das er seiner ersten Frau gegeben hatte, als sie, an eine künstliche Lunge angeschlossen, in Davos lag? Er erholte sich wieder. Und er fuhr fort, kleine Erzählungen zu schreiben, Anekdoten zu sammeln, das Theater zu lieben. (»Wie es heute nicht mehr existiert, mein Sohn!«) Jeden Sonntagmorgen präsentierte er im Schweizer Radio während zwanzig Minuten eine Oper. Er erzählte von der Entstehung des Werks, wie es seinerzeit aufgenommen worden war, und gab voller Emphase, mit bebender Stimme, die Handlung des Dramas wieder: »Erster Akt, der Vorhang geht auf, ein Hafen in Sizilien, Armenia weint gerade über ihren Geliebten, der in eine Schlacht gegen die Türken gezogen ist, da, plötzlich, erscheint ...« Vom Drama mitgerissen, passierte es ihm manchmal, daß er selber halblaut die Arien sang, um die richtige Vorstellung zu vermitteln: ein paar Minuten später waren dann das Orchester und die Sängerin dran.

Heute sehe ich mich mit meinen Mitarbeitern im Café sitzen und ebenso falsch wie mein Großvater ganze Duette von Mozart singen.

Seine nahen Freunde lagen nach und nach überall in der Welt im Sterben: in Tel Aviv Max Brod, der Freund von Kafka (der ihm den Schriftsteller übrigens vorgestellt hatte, »Das ist Dr. Kafka« – »Freut mich, Fritz Bondy«), Richard Huelsenbeck, einer der Begründer der Dada-Bewegung, der Prager Schriftsteller Johannes Urzidil. Ich glaube, seine alte japanische Freundin sah ihn nur noch selten, denn ihr japanischer Ehemann war sehr eifersüchtig. Der Harem von Fritz schrumpfte, und wenn er, wie es Häftlinge tun, die jeden abgesessenen Tag mit einem Strich an der Wand markieren, seine Anbeterinnen auf dem Aquarell ausgelöscht hätte, wäre er ganz allein, den Entschwundenen zulächelnd, inmitten von ein paar grauen Flecken geblieben. Er befreundete sich mit einer Ex-Schauspielerin, einer üppigen alkoholsüchtigen Deutschen. Sie machte ihm fürchterlich den Hof, obwohl er schon die Achtzig überschritten hatte. Sie überhäufte ihn mit Geschenken, mit Schokoladenpralinés und Rosen. Eines Morgens soll er von ihr verlangt haben, sich vor ihm ganz nackt auszuziehen. Sie zog sich aus und zeigte sich meinem Großvater, dem ich mehr und mehr ähnle, wie mein Freund sagt, nackt.

Jemand in meiner Familie glaubte in ihr eine Balzac-Figur zu erkennen, die ein Auge auf seine bescheidenen Ersparnisse geworfen hatte. Ich weiß nicht wie, aber von einem Tag auf den anderen hat man sie ihm weggenommen. Jetzt war er wirklich allein. Er baute ab. Er wurde krank; und er sagte mir diesen unerhörten Satz, der für mich die Vorstellung von einem möglichen Ende des Lebens geblieben ist: »Ich bin nicht mehr neugierig.«

In seinem Spitalsbett, die vereinzelten silbernen Locken auf dem weißen Kissen, im durchsichtigen Hemd, die Finger lang und zart wie Taubenfedern, erinnerte er mich an einen alten Engel. Er schaute zur Decke und durch die Decke hindurch, kein Zweifel, zum Himmel. Er freundete sich mit der Ewigkeit an. Ein paar Tage vor seinem Tod las er noch *Krieg und Frieden*. Mein Vater, der ihn täglich besuchte, hat mir erzählt, daß er die Romanhandlung mit dem Alltag verwechselte: Nicht weit vom Spital erstreckte sich der Wald, in dem die tapfere russische Armee der von Bonaparte trotzte, und er hatte gehört, wie die Verwundeten eiligst in die neben seinem Zimmer gelegene Chirurgie gebracht wurden.

Mein Vater hat mir auch das folgende erzählt: Eines Tages erwachte Großvater aus einem wildbewegten Traum, richtete sich auf, nahm meinen Vater beim Arm und sagte: »Ich komme grade aus einem Bordell, in dem eine große Orgie stattfindet, eine blutige Orgie, eine ungeheure Orgie, und du ... was hattest du da drin zu suchen ... ich habe dich gesehen ...«

Ich habe ihn besucht, um ihm adieu zu sagen. Er schaute ständig durch die Decke zum Himmel, er wußte schon mehr als wir alle von seinem Verschwinden. Mit fast flehender Stimme flüsterte er mir zu: »Ich hatte immer davon geträumt, *Salome* zu inszenieren. Luc, vergiß nicht, eines Tages *Salome* zu inszenieren ... *Salome* ... Und achte besonders auf ihren Tanz.«

Vierzehn Tage danach ist er gestorben.

WARNEMÜNDE

Einen Monat nach dem Mauerfall verbrachte ich ein Wochenende in einer Hansestadt in der früheren DDR, zwei Stunden nordöstlich von Hamburg.

Die Stadt heißt Warnemünde. Sie erinnert an die Romane von Thomas Mann, heute noch. Nur nackter, armseliger. Diese Orte sind von der Vereinigung physiologisch noch nicht erfaßt worden. Die Läden sind noch nicht bunt von unseren fröhlicheren Waren: die Kostüme, die einzeln in den Schaufenstern hängen, sind weiterhin für Witwen oder alte Jungfern bestimmt, und die Lederjacken erinnern mich an *Die Liebe einer Blondine* von Miloš Forman. Nur die Anlegeboote, die Rümpfe zerfressen, haben lustige Farben. Man könnte meinen, Kinder hätten sie so angemalt und auf das ölige grüne Wasser des Flusses gestoßen.

Die Häuser sind grau oder weiß, passend zu dem bleichen Nebel, der sie schützt. Der einsame Hund, die Schnauze an eine Scheibe gedrückt, die auf die Hauptstraße schaut, ist noch sozialistisch.

Ich kehre in ein Hotel mit fünfzig Stockwerken zurück: Es ist ans Ufer des Meeres gesetzt, häßlich und zugleich protzig, es war ein Erholungsort für die Parteifunktionäre Erich Honeckers. Jetzt ist es für uns da, und dazu äußerst teuer. Von vorn streicht der Strahl eines Leuchtturms über die grünen Wände meines Zimmers. Es wird Nacht, es riecht nach Fisch.

Das oberste Geschoß des Wolkenkratzers ist durchsichtig. Da ist ein Nachtclub für die Gäste; die Einwohner der kleinen Stadt haben nicht die Mittel, sich da oben ein Bier zu leisten. Sie begnügen sich damit, vom Strand aus das rotgrüne Neonlicht der Bar und die Silhouetten zu sehen. Eine der Attraktionen, die ich ungeduldig erwarte, und deswegen setze ich mich an den Rand der Tanzfläche, ist der Striptease mit Schlangen. Eine dickliche, alsbald nackte Polin macht den Spagat, während sie in ihren Fäusten die trägen Kobras hält. Sind sie schon tot?

Und ich, wo bin ich? Ich nehme den Lift, gehe auf die Betonterrasse hinaus, steige die Treppe zum Promenadenkai hinab. Es ist kühl. Am Ende des Kais ist eine Ansammlung von Menschen, es sind vor allem Skinheads. Den einen Arm haben sie um ihr Mädchen gelegt, in der anderen Hand eine Dose Bier. Wenn sie etwas angetrunken sind, fliegen die Dosen, um auf dem Kopf eines Passanten zu landen. Vor allem, wenn es sich um einen Ausländer handelt.

Ich mag das nicht, ich fürchte mich. Ich gehe auf der anderen Kaiseite auf einem Trottoir vorbei. Ich passiere leere Läden; vor einem Supermarkt parkt ein beiger Trabant. Im Innern kein Licht, nur zwei rote Punkte. Sie rauchen. Zwei Ex-Vopos. Die Scheibe des Supermarkts ist zerborsten, als ob sich ein Mensch in voller Größe ins Innere geworfen hätte. Ich betrachte das Loch, ich betrachte das kleine Auto. Die Hosen der Polizisten, die die Türen öffnen, sind die der Ostuniformen, die grünen Jacken die der Bundesrepublik. Die Mütze ist sozialistisch.

»Was ist passiert?« Keine Antwort, statt dessen ein feindseliger Blick, von unten herauf. Einer der Polizisten brummt in den Walkie-Talkie. Der andere: »Das sehen Sie doch.« Und nach einem feindseligen Schweigen sagt er auch: »Das ist seit der Öffnung.«

»Der Öffnung?«

Er sagt nichts mehr. Ich betrachte das Loch.

»Aber wer …?«

Der Polizist, der eine Antwort aus seinem Walkie-Talkie erwartet, sagt zu mir: »Ich weiß nicht. Jedenfalls: seit …«

Ein Schweigen. Ich setze wieder an:

»Seit der Wiedervereinigung meinen Sie?«

»Vielleicht. Seitdem, ja.«

»Und vorher?«

Er schaut zu seinem Kollegen, sie haben sich verstanden, sie sind gleicher Meinung.

»Vorher war es ruhig. Ruhig.«

Er hat seine Stimme gesenkt, als wollte er sie in diese Epoche zurücktransponieren.

»Also gab es für Sie nichts zu tun!«

Schweigen.

Von der anderen Seite der Straße Schreie, weiter weg immer noch der Leuchtturm. Er nimmt die Brille ab, reibt sich die Nase. Er schaut an mir vorbei. Und da wird er gesprächig, wenn auch undeutlich, zwischen den Zähnen:

»Jetzt klauen die Leute, und nicht die von hier, Schluß mit der Ruhe, Krawalle, Verbrechen, und es sind nicht die von hier … Ja, Diebstähle, Krawalle … Vorher wenigstens …«

»Vor was?«

Er gibt mir mit einer Kopfbewegung zu verstehen: »Vor euch«.

»Vorher … gehörten die Nächte uns.«

BRIEF AN JOANA

Die Worte und die Sätze, die man in der Regel sagt, wenn man eines Schauspielers gedenkt, sie finden ihren Ursprung in den Erinnerungen seiner Darstellungen auf der Bühne. Schauspieler haben in unserem Gedächtnis ein Doppelleben. Nicht nur in unserem Gedächtnis, sondern auch, weil sie diesen Beruf der Metamorphose sich ausgesucht haben oder dafür bestimmt waren. Letzteres trifft auf Joana zu.

Vor kurzer Zeit erlebte ich sie erst, ich kann einfach nicht realisieren, daß sie nun nicht mehr da ist – also stockt mein Erinnerungsvermögen aus Mangel an Ferne, aus zu großer Gegenwärtigkeit.

Das, was ich sehe, ist keine Bühnendarstellung von ihr, zuerst einmal, sondern ein Augenblick davor: Ich komme auf die Probebühne, die letzte Szene vom *Schlußchor* stellt ein großes Berliner Restaurant dar – wir nannten es *Café Deutschland* –, niemand ist da, nur Joana sitzt hinten am Fenster des Restaurants, für die Szene schon angezogen, vor ihr das Textbuch. Ich hätte sie jetzt grüßen können, das tat ich nicht, und heute weiß ich besser, warum: Es war das Bild dieser so schönen alten Dame, die Eleganz und Anmut ihres Sitzens und Wartens, die Stille, die sie allein durch ihre Konzentration provozierte.

All das, was noch vor dem szenischen Agieren von ihr ausging, formt ein Inbild, das Bild, das ich vor meinen Augen habe, wenn ich wie jetzt an sie denke. Peu à peu füllt sich die Probebühne, jeder brachte seine Art Morgen hinein. Aus Widerstand gegen das Alltägliche oder weil sie es nicht merkte, saß Joana Maria Gorvin immer noch so, als wäre sie allein. Ich glaube eigentlich, daß sie es nicht mochte, wenn das Erscheinen auf der Probe nicht etwas Besonderes war. Es scheint mir, so etwas Ähnliches hat sie mir sogar einmal gesagt. Ganz klar höre ich von ihr noch ein paar irritierte und irritierende Bemerkungen über die Spielweise vieler gegenwärtiger Schauspieler. Ich glaube, einige waren ihr einfach zu pseudo-natürlich. Sie hat mir viel zu denken gegeben, und so kommen für einen Regisseur oft theaterphilosophische Fragen zutage, dank einem Schauspieler mit langer Geschichte, Tradition, was lange nicht heißt Konvention.

Zum Beispiel: Dient natürliche Spielweise nicht auch als Tarnung für die Unwahrheit? Dringt eine Sprechweise wie die von Joana Maria Gorvin nicht wesentlich tiefer in die Substanz des Gesagten, ist diese fast gesungene Sprache nicht MEHR verbunden mit der Emotion, mit dem Erlebten auf der Bühne? Warum hat uns die Zeit gleichzeitig so nüchtern und diffus gemacht?

Über meine Arbeit mit Joana möchte ich wenig sagen außer: Ich glaube, wir mochten uns gut leiden, sehr gut sogar. Ich habe versucht, diese wunderbare Schauspielerin so stark als möglich bei sich zu belassen. Ihr Mischung von Fragilität und Zäheit, energiespendender Grantigkeit und Generosität, Humor und Ungeduld mit sich selber, vor allem ihr Sinn für Pathos, das alles war mir mehr als genug Inspiration für das Entdecken ihrer letzten Rolle: Frau von Schastorf, Witwe eines Kreisauers, inzwischen heruntergekommene Adelige, die mit ihrer verrückt gewordenen Tochter in Berlin herumlungert. Gegen die

Anklagen ihrer Tochter, die der Mutter vorwirft, sich nach dem Tod ihres ersten Mannes, eines Widerstandskämpfers, Nazigrößen doch hingegeben zu haben, wehrt sich die Mutter: »Du hast das alles nicht miterlebt« – oder: »Du bist nicht christlich, mein Kind.«

Das alles spielte sie so ernst, so pathetisch, daß man keinen Moment wirklich herausbekam, wo die Wahrheit war. Hatte Frau Schastorf später mitgemacht oder nicht? – Eine Art Komplexität, Paradox, die ich gerne mag im Theater.

Überhaupt hat sie mich, während ich sie ansah, *studierte*, möchte ich beinahe sagen, auf viele Gedanken gebracht. Folgenden zum Beispiel: Gute, große Schauspieler können manchmal, wenn sie älter werden, immer besser und größer werden. Warum? Sie sind nicht mehr allzu gelenk, vielleicht nicht mehr so geschickt, aber all das, was sie an Möglichkeiten haben, investieren sie, sie haben nicht mehr Zeit zu bluffen, und aus der Kraft ihres Körpers und ihrer Emotion, aus ihrer Fragilität heraus spielen sie weniger und weit mehr als andere. Dann ist an ihnen alles schön: Das Zittern, das langsame oder zögernde Gehen, die Suche nach den Wörtern ... Sogar die Wörter, die sie in der Not erfinden, sind oft treffender als die schon geschriebenen: poetischer.

Nachruf heißt dem Verschwundenen etwas nachzurufen ... Ich rufe nichts, Joana konzentriert sich gerade ...

EIN GESPRÄCH
ÜBER MEINE ZUKUNFT

Heute morgen, mit meinem Kopf noch auf dem Kissen (sehr viele O's in den paar Wörtern), habe ich mit mir ein kleines Interview gemacht. Darf ich vorausschicken, *wo* und *wann* das geschah?

Im Hotel Waldhaus, das seinen Schatten auf den im Winter zugefrorenen Silser See wirft, von dessen Fenstern aus ich Italien auf einer Seite, St. Moritz auf der anderen Seite sehen könnte, verneinte ich nur mit dem Kopf eine Frage aus dem Hintergrund des Zimmers.

Es passierte am Morgen des 1. Januar 1996. (Tag, an dem FB einundachtzig wurde, vier Jahre vor dem Jahr 2000.)

Da liege ich also im Bett, das mich wie ein Segelschiff vom Ufer 1995 zum Ufer 1996 herübergeleitet.

Ich klappe eine Ecke der Daunendecke auf, hole ein Bein heraus (heute reime ich wider Willen), und die weißen, silbernen Felsen gegenüber begrüßend, machte ich mit mir das erste Interview des Jahres.

Frage-Ich: Gut geschlafen?

Antwort-Ich: Schlecht geatmet.

Frage-Ich: Bleibst du noch da?

Antwort-Ich: Ich entscheide nicht allein.

Frage-Ich: Was möchtest *du?*

Antwort-Ich: Lexotanil! Man sieht die Berge glänzen und denkt an nichts.

Frage-Ich: Kennst du Thusis?

Antwort-Ich: Dort fahre ich morgen vorbei ... wieso?

Frage-Ich: Einfach so – um »Thusis« zu sagen.

Antwort-Ich: Morgen, wenn ich an Thusis vorbeifahre, denke ich an die Frage.

Frage-Ich: Wie ziehst du dich an?

Antwort-Ich: Wo?

Frage-Ich: Hier, in Sils-Maria ... wie ...

Antwort-Ich: Städtisch. Im Wintersport städtisch bleiben: Krawatte (die rote mit den hellgelben Punkten), Arnys Jackett, Gap-Flanellhose, Pferdelederschuhe. Diese herrliche Umgebung hier verdient Vornehmheit, äußerste Vornehmheit.

Frage-Ich: Was befürchtest du am meisten nächstes Jahr?

Antwort-Ich: Wovor ich mich jeden Tag fürchte: Der Tod. Ich fürchte mich auch vor dem Altern ...

Frage-Ich: Kennst du Sargans?

Antwort-Ich: Da fahre ich morgen vorbei.

Frage-Ich: Altern?

Antwort-Ich: Die Bewegungen. Der Rücken und die Bandscheiben. Die Augen. Das Gedächtnis. Die Empfindlichkeit. Die Ungeduld. Die Impotenz (obwohl – wenn ich es einmal wirklich bin, geht es mir sicher wieder gut). Ich fürchte mich vor allem vor zuviel Zukunftsphantasien.

Frage-Ich: Präzision, bitte!

Antwort-Ich: In der großen Halle da unten, da sehe ich sie doch alle, die alten einsamen Menschen ... Und die lesen die Zeitung oder ein dickes Buch. Das Draußen nehmen sie als Licht für die Zeilen, denen sie mühsam mit ihren verrunzelten Zeigefingern folgen.

Und die Tannen, älter als sie, sind im Grunde jünger. Sie tragen auf ihren Zweigen eine schmale Spur

Schnee und sehen aus wie feine Damenhände, die auf einen Handkuß warten.

Ich sitze, alter Jude, an einem dieser kleinen Tische und suche im Kulturteil einer Zeitung, ob sich jemand noch an mich erinnert ... auch irrtümlich ... ich hätte nichts dagegen (zum Beispiel »... als 1982 L. B. das Burgtheater übernahm.«)

Ich würde aufkrächzen, und eine alte Dame (auch sie allein) würde über ihre Brille auf einen einsamen Sprechenden blicken.

Da nähme ich die Gelegenheit beim Schopf: »Die behaupten, ich hätte 1982 das Burgtheater geleitet ...« Worauf sie mich nach meinem damaligen Beruf ausfragen würde (ich hätte damit erreicht, was ich einsam an meinem kleinen Tisch gewollt hätte).

Und weil ich mich an meiner eigenen Vergangenheit unglaublich aufregen würde, wäre ich lauter und lauter geworden: da würden sich zwölf, nein, vielleicht siebzehn Altersgenossen um mich herumscharen, und da müßte ich mit den Über- wie Untertreibungen vorsichtig werden, weil einige unter den Zuhörern sich vage an Fragmente meiner (also auch ihrer) Zeit erinnern würden. Und ich könnte vor Stolz und Freude nicht mehr aufhören, mich gut oder schlecht darzustellen.

Dann wären einige schon zu Tisch gegangen oder gar ins Bett. Ich säße allein, irgendwann.

Später würde der junge Concierge aus Bellinzona das Licht ausschalten, weil er mich im großen Saal, versunken im Fauteuil, nicht gesehen hätte. Und ich fände mühsam den Lichtschalter ... nein, ich fände ihn gar nicht; in der Dunkelheit suche ich nach einem Lichtknopf ... aber der würde eben für meine Augen zu schwach leuchten ...

222

STATT EINES NACHWORTS

GESPRÄCH MIT DIETER STURM

(geführt von Frederik Zeugke)

FREDERIK ZEUGKE: *Wie war es, als Luc zum ersten Mal an die Schaubühne kam? Es gibt die Legende, daß ihr – Botho Strauß und du – im »Ciao« gesessen seid, wild diskutierend über ein Thema, das nicht überliefert ist, und Luc sei dabeigewesen und im Laufe des Abends eingeschlafen, mit dem Kopf auf der Tischplatte. Strauß soll in diesem Zusammenhang gesagt haben: »Das ist nun also der neue Babyregisseur.«*

DIETER STURM: Ich weiß nicht mehr, wie es im Detail verlaufen ist. Das war – glaube ich – zu einer Zeit, als Luc mit seinem Stück *Die See* in Berlin gastierte. Er hat sich für die Schaubühne interessiert und sich mit Botho Strauß getroffen. Eines Abends bekam ich jedenfalls einen Anruf von Botho, daß er im »Ciao« sei, und zwar – wie er sich ausdrückte – mit diesem Babyregisseur, und ich solle doch schnell kommen, denn er wisse nicht mehr, was er mit ihm reden soll. Ich bin dann dorthin gefahren und fand Botho Strauß in Gesellschaft eines ausnehmend liebenswerten und lebendig wirkenden, sehr jungen Mannes, der aber auch sehr übernächtigt wirkte und sofort anfing, mit mir über die Grübersche Inszenierung der *Bakchen*, an der ich beteiligt war, zu reden. Es wurde ein sehr gesprächsreicher Abend. Wir sind dann noch in ein anderes Lokal gegangen. Nach einer gewissen Zeit allerdings – insofern stimmt die Anekdote – weilte Luc Bondy geistig nicht mehr unter uns. Sein Kopf sank

225

auf die Tischplatte, und er schlief ein. Das war meine erste Begegnung mit ihm.

Und wie war dein erster wirklicher Eindruck?

Für mich ist bei der Begegnung mit einem Menschen eigentlich der erste Eindruck selten ein entscheidender und ins Weitere mühelos überleitender. Meistens stehen am Anfang fürchterliche Irrtümer. An Luc glaubte ich eine sehr intensive Form von neugierigem, mitunter etwas verwunschenem Charme, einem Charme des Beobachtens, des Redens und des Beschreibens, wahrzunehmen, und das hat mich in der Tat gefesselt. Ich hatte eine derartige Kombination von jugendlicher Anfänglichkeit der Gesten und des Sprechverhaltens einerseits und wacher Intelligenz andererseits noch nicht erlebt. Ich empfand das als eine einzigartige und willkommen undeutsche Mischung. Ich war also in gewisser Weise charmiert. Es gab dann einen langen Prozeß des Kennenlernens. An den beiden ersten Produktionen, die Luc – beeinträchtigt von schweren, bedrohlichen Krankheitsphasen, die er damals zu durchschreiten hatte – an der Schaubühne gemacht hat, nämlich *Die Wupper* von Else Lasker-Schüler und *Man spielt nicht mit der Liebe* von Musset, war ich nicht unbedingt und ganz beteiligt, nicht als darauf verpflichteter Dramaturg, sondern nur als Berater und gelegentlicher Gesprächspartner. Damals erlebte ich Lucs unbefangene, offene, das hohe Risiko der Banalisierung von Vorgängen und Lösungen bewußt in Kauf nehmende Zuneigung zum Oberflächenreiz, einem Reiz, der sich einfach ergeben, der aber auch höchst sensibel und technisch präzise hergestellt werden kann. Das hatte ich bis dahin am Theater noch nicht als vorzügliches Vehikel der Erkenntnis erfahren, und ich kam in dieser Zeit zu der Überzeugung, daß es sehr wichtig sein würde, Luc als ständigen Mitarbeiter an die Schaubühne zu holen, als einen Vertreter einer Arbeitsweise und eines Verhältnisses zu Menschen, wie es bei uns – wo es doch so vieles gab – nicht existierte. Ich hatte den Wunsch, mit Luc weiterhin – und dann wirklich und ausschließlich – an bestimmten Projekten zusammenzuarbeiten. Dazu ist es dann allerdings erst einige Jahre später gekommen.

Du sagst »undeutsch«. Was war das Besondere an Lucs »Aura« – innerhalb des Theaterbetriebes?

Ich spreche natürlich von den Eigenschaften als erstes, die mich frappierten, weil sie etwas hervorriefen, was unserem Theater scheinbar wenig galt und worin wir ergänzungsbedürftig schienen. Es war ein kluger, sich selbst beobachtender Leicht-Sinn, eine etwas freiere Weise des Umgangs, in der das Element des Spielerischen deutlich und unbefangen zutage trat. Es war da keine Gedankenlosigkeit, aber man wohnte mehr der Herstellung und Zulassung von Gedanken bei als den Gedanken selber. Insofern war es ein permanentes Sich-Verändern – zumindest war es darauf angelegt. Das war ein Weg, der für mich die Essentialien von Theaterarbeit berührte – wie könnte es anders sein! Wir gehörten ja nicht ganz unterschiedlichen Welten des Literatur- und Theaterverständnisses an. Eine Gemeinsamkeit war, daß wir keine größere Provokation und Evokation für das Theater kannten als einen literarischen Text, der wirklich die Kraft und die Würde hatte, sich in der Darstellung zu verlieren, ans Körperliche, und sich dieserart verändert, und neu zu konstituieren: als Einladung, ins Offene zu treten. Das war sozusagen die Geschäftsgrundlage, die uns band. Solcherlei Gedanken sind ja nicht selbstverständlich, sondern eine bewußte Setzung auf einer bestimmten Grundlage. Gerade an Luc, für den die Bewegungen, das Körperliche, die Gebärden eine besonders feine, herausgehobene Sprache sprechen, kann man deutlich sehen, daß der Anlaß und der Ort, an den man zurückkehrt, das Erscheinen und die Vitalisierung des Textes ist. Weil wir insofern von einem gemeinsamen Verständnis des Theaters ausgingen, ließen sich die Unterschiede in der Gewichtung und in der Feineinstellung umso deutlicher erkennen. Lucs Methode erschien mir poröser, spielerischer, auch erotischer oder sinnenhafter – alle Sinne umfassend – als die Arbeitsweisen, die ich auf dem Theater bis dahin kannte.

Kalldewey Farce war die erste Produktion von Luc, die du permanent betreut hast. Was hat ihn dazu bewegt, ein Stück von Botho Strauß zu machen? Wie ist er zu dem Text gekommen? Und was ist das Besondere an der Kombination Bondy–Strauß?

Als Tiefenprozeß kann ich das nicht beschreiben. Ich weiß nicht, wie das entstanden ist. Äußerlich war es so, daß Luc sich nach den zwei Inszenierungen, die ich erwähnt habe, aus verschiedenen Gründen von der Schaubühne entfernt hatte. Als ich nach langer Krankheit an die Schaubühne zurückkam, war die Verbindung zu Luc Bondy abgerissen. Unterstützt von Peter Stein, bin ich dann mit dem Text von *Kalldewey*, den ich von Botho Strauß bekommen hatte, herumgegangen und habe versucht, Leute dafür zu gewinnen, Luc eingeschlossen, um gemeinsam daran zu arbeiten. Natürlich ist das Verhältnis zwischen Luc Bondy und den Texten von Botho Strauß nicht dadurch konstituiert, daß ich ihm ein Stück zu lesen gegeben habe. Ich weiß nicht, ob Luc sich – vielleicht in

Kenntnis unserer Aufführungen – schon vorher für Botho Strauß interessiert hat. Nachdem ich *Kalldewey* gelesen hatte, schien es mir jedenfalls, als ob der Bühnenautor Botho Strauß jemand sei, für den Luc eigentlich ein besonderes Verständnis und auch besondere Möglichkeiten der Inszenierung haben müßte, weil er auf verschiedene Weise an den Erkenntnisformen und am Weltverhältnis von Botho Strauß teilzuhaben schien. Botho Strauß ist jemand, in dessen Stücken – sehr ins Grobe gesprochen – große, hoch komplexe, weit ausgreifende oder auch besonders tief gelagerte Motive in eine jähe Verbindung treten. Von den im schönsten Sinne oberflächlichen, trivialen, ablauschbaren und konzentrierbaren Erscheinungsweisen und Mustern unseres gegenwärtigen Verhältnisses als Personen zueinander führen jähe Verbindungen nach oben und nach unten, wie man will, ins große Begriffliche oder ins große Mythologische. Und dabei ist nicht das eine das Eigentliche und das andere das Abgeleitete und vice versa, sondern beide Seiten haben aneinander ihren Halt und bilden ein sehr labiles, durch die Drohung der Katastrophe jederzeit zu irritierendes Gleichgewicht. Dieses spezielle Verhältnis zwischen Innen und Außen, zwischen Tiefe und Höhe, zwischen einem geistigen Bewegungsraum und einem materiellen, zwischen dem Gedanken und dem Leib auf spielerische Weise auszudrücken, daran, so schien es mir, würde Luc gerne arbeiten. Denn Luc hat ein großes Interesse am Theater als sinnlichem, mitunter auch rasch verschwindendem, schnell verbrauchtem Gebilde. Er hat ein besonderes Sensorium für altehrwürdige und jüngere Formen des Gebrauchs- oder Unterhaltungstheaters und kann daher Quellen erschließen, die uns längst verschüttet scheinen. Andererseits nimmt auch Botho Strauß – obwohl er keineswegs das ist, als was er mitunter beschrieben wird, nämlich ein Chronist der alten Bundesrepublik – in der Mikrostruktur wie manchmal auch in den größeren Formen seiner Texte starken Anteil an den Choreographien und den Redeweisen unseres Alltags. Zugleich geht es ihm, wie gesagt, darum, dem Drama eine andere Schicht einzuschreiben, die entweder im Widerspruch auftritt oder aber gerade die zulassende Bedingung des sogenannten Alltags ist, so daß es also manchmal eine erstarrte Opposition, manchmal auch eine gegenseitige Nährung und Aufhebung dieser Elemente gibt. Immer wenn sich die Regie – angesichts eines solchen idealtypischen Botho-Strauß-Stückes – auf die eine oder andere Seite schlägt, besteht die Gefahr, daß die ganze Betriebsamkeit des Theaters in eine Zerstörung des Stückes, weil sein Ort vorbesetzt ist, und damit in die Unmöglichkeit der Aufführung mündet. Dieses Straußsche Spiel der Bedeutungen, seine Durchdringungsfiguren und Wechselgeschöpfe schienen sich mir der tänzerischen Neugier und der Mehrdeutigkeitslust von Luc zu öffnen. Ich glaubte, daß er das nahe Beieinander von Vulgarität und Mythos, von fließender und stillstehender Zeit, von vorgeprägten Figuren einer *kontingenten*, auch kulturindustriell bestimmten Alltagswelt und darin erscheinenden und erlöschenden alten Riten auf besondere Weise bewegen könnte.

Luc hat sich einmal in einem anderen Zusammenhang über die Krankheit der Interpretation beschwert, die im ganzen Theaterbereich, sowohl bei der Regie als auch bei der Kritik, herrscht. Wie interpretiert er z. B. ein Botho-Strauß-Stück? Läßt er sich darauf ein, die Dinge auszu-

sprechen, auszudiskutieren? Oder geht es ihm während der Proben eher darum, eine bestimmte Atmosphäre zu schaffen, die dann schließlich bis zum Endprodukt führt?

Das sind Dinge, die sich nicht widersprechen und die von jedem verantwortlichen Regisseur in jedem pfleglichen Prozeß der Herstellung eines Vorgangs auf dem Theater in gewisser Weise organisiert werden müssen. Luc legt allerdings – trotz aller theoretischer Vorbereitung – einen besonderen Akzent darauf, bei den Proben zunächst einmal eine Art Asyl herzustellen, einen geschirmten Raum von zulassendem Charakter, in dem die Bedrohung abgewehrt ist, die ständig um uns ist, die Bedrohung durch Determination, durch das Allgemeine, das uns aufzufressen droht, bevor noch irgend etwas Besonderes entstanden ist. Luc ist ein anachronistischer Spätling der Unbefangenheit und des Beginnens als Ereignis, ein besonderer Anwalt der Vorläufigkeit, des Rechts der Gebärdenunschuld. Er merkt besonders darauf, welche Momente der Verhältnisse von Menschen auf der Bühne sich relativ spontan und damit zunächst relativ frei von Bedeutung allein durch die Körper und den Ausdruckswillen der Schauspieler äußern. Was ist daran abzulesen? Welcher Stoff eröffnet sich dort, der vielleicht über die Intentionen des Autors oder der Regie oder überhaupt über jede erdenkliche Intention zunächst einmal hinausgeht? Ohne diesen Unschuldsmoment, diesen Moment der aufblitzenden Freiheit kann Luc nicht arbeiten. Es geschieht da eine spontane kathartische Säuberung von allen Formen des Wissens und von allen Namen und Begriffen – in einer Nicht-Zeit, kürzer als ein Atemzug, und gerade deshalb von so großer Extension und Zulassungskraft. Ohne diese Weißung, ohne dieses Schaffen einer kaum sichtbaren, aber betretbaren Fläche, einer scheinbaren momentanen Voraussetzungslosigkeit, ist Luc nicht imstande, wirklich zu arbeiten. Sobald zu viel Velleität, zu viel erzwungener und gleich wieder verrauschter Wille, oder zu viel Versuchen, zu viel Interpretation diesen Moment des ersten Suchens, Findens und Konstruierens gefährden, wird Luc hilflos, denn er ist dann plötzlich gezwungen, etwas zu exekutieren, was als wörtliche Aufforderung im Text steht, oder was er selber oder ein anderer sich vorher als Konzeption einer möglichen Realisierung ausgedacht hat. All diese Dinge haben ihr Recht und fordern es – aber erst auf einer zweiten oder dritten Stufe. Zunächst geht es um die Utopie der Bedeutungslosigkeit – für einen nicht-zeitlichen, sich öffnenden Moment. Das zeichnet Luc aus. Erst unter dieser Voraussetzung kann er finden und erfinden.

Was heißt Utopie der Bedeutungslosigkeit? Eine Sehnsucht nach geringerer Bedeutungsschwere – oder gar nach Bedeutungsleere?

Ich kann Luc nicht in irgendwelche Tiefen hineininterpretieren – das wäre albern. Ich kann nur sagen, was ich vielleicht als Wunsch empfinde, wenn ich in der Arbeit mit Luc damit konfrontiert werde. Ich bin ja auch tiefer und auswegloser in das Reich der Bedeutung verstrickt, als Luc es ist. Es ist ja schon ein Allgemeinplatz, daß Bedeutungsschwere der Untergang jeglicher Findung ist, jeglicher künstlerischer Oberflächlichkeit, von der wir alle zehren. Und Bedeutungsfreiheit ist in dem Reich des unablässig Bezeichnenden und Bezeichneten, in dem wir uns bewegen, in dieser Welt ewig aufrufender und ewig zur Antwort verurteilter Signale, auf diesem vollkommen erkalteten Kontinent der Urteile im Tarnkleid der

Meinung, ein Ort der Wärme, den wir ersehnen, obwohl wir wissen, daß wir an seiner Hitze zugrundegingen. Ich spreche hier nur von einer impliziten Polemik gegen das, was wir sind. Wir – ich meine die Leute, die am Theater arbeiten, Regisseure, Schauspieler usw. – müssen uns dauernd dagegen zur Wehr setzen, daß alles, was wir tun, noch ehe wir wissen, was es ist, schon zu bedeuten scheint, denn das stellt eine große Einschränkung der Freiheit dar. Mit Luc glaube ich, es ist viel aufregender und vor allem sinnlicher, wenn in eine Bewegung von Menschen auf der Bühne mehrere Bedeutungen oder viele Bedeutungen langsam entstehen und einströmen und langsam ins Verständnis rücken. Diesem langsamen Ins-Leben-Treten kann man sich beobachtend stellen, man kann die Ströme lenken und bündeln, für diesen Ort ihre Gestalt finden lassen, aber es gibt kein fest gebackenes, immobiles Konzentrat von irgendwelchen Gesinnungen oder Welturteilen, das man auf der Bühne hin und her tragen könnte. Ich habe vorhin vom Text gesprochen, von dem Verhältnis zu Texten, das Luc und mir und der Schaubühne gemeinsam ist, und das häufig als überlebte, weil eben in gewisser Weise dem Text dienende Theaterauffassung angegriffen wird. Es geht ja auf der Bühne nicht nur um das Agieren der Schauspieler miteinander. Wenn sie miteinander agieren, kommt mehr zum Vorschein als das, was dieses Agieren faktisch ist. Die theatralische Konversationslust, ja mitunter Gier eines Regisseurs wie Luc bestimmt sich daher, daß diese Wechselrede auf der Bühne nicht allein die des Tages ist. Andere Stimmen mischen sich zu, ohne das Gespräch zu dominieren, die durch das Aufrufen des Textes Klang werdenden Stimmen der Toten. Das Unverzichtbare am Theater besteht ja unter anderem darin, daß das Theater einer der wenigen Orte ist, wo man innerhalb der uns umgebenden Gesellschaft noch mit den Toten verkehren kann – nicht in der rührenden und undeutlichen Versunkenheit des Andenkens und auch nicht gegenüber dem Allschrecken der Todesfurcht, des großen Schattens, der auf uns alle fällt, sondern mit den Einzelnen, mit denen, die vor langer Zeit gelebt haben oder die jüngst von uns gegangen sind. Die spielen in gewisser Weise immer mit, sind Akteure, die dort durchaus ihr Eigenes setzen. (»Durchbruch in die Vergangenheit, um die Toten zu holen«, hat Rudolf Borchardt geschrieben.) In Lucs Inszenierung von Handkes *Die Stunde da wir nichts voneinander wußten* stand Anubis, der Weggeleiter, in der hellen Mitte von Gilles Aillauds Bühne und hütete die passageren Begegnungen und Verfehlungen der Körper auf den vielen Wegen von Weißnichtwoher ins Weißnichtwohin. Ich weiß nicht, wen er alles auf die Bühne gelassen hat. Von-Angesicht-zu-Angesicht mit den Toten: das stellt sich nicht in Bildern her – bei so viel Bildaufforderungen und infolgedessen auch Bildverbot! –, sondern nur durch etwas, das von jedem Bild gereinigt ist, und das deshalb etwas zur Erscheinung bringt, von dem man sich kein Bild machen kann. Das ist der Text. Der alte, verwitterte, mitunter vielfach überschriebene Text ist oft eine Botschaft, die uns häufig aus einer vergangenen Zeit erreicht. Uns in gewisser Weise mit uns selbst zu unterhalten, indem wir mit den Toten des Textes verkehren, das gehört zu den ruchlosen Notwendigkeiten des Theaters. Das kann man anders, besser, von anderen Seiten her ausdrücken, man kann aber nicht so tun, als gäbe es das nicht, als wäre es nicht wichtig. Darin hat auch der wundersame Oberflächentiefsinn von Luc seine Möglichkeit, seine Findung. Wenn es eine Art Begnadung gibt in einer Aufführung, dann messen sich die Lebenden an den Toten, und umgekehrt. Nur von dort her kann eine Ahnung irgendeiner Bewältigungskraft und eine Versicherung dessen, was wir eigentlich sind und was wir eigentlich sein könnten, steigen.

Würdest du sagen, daß Luc sich durch die Krankheit, durch die Konfrontation mit dem Tod, als Mensch oder auch als Regisseur geändert hat?

Diese Frage ist natürlich oft gestellt worden, und er hat sich immer geweigert, sie zu beantworten – aus einem Schamgefühl heraus. Ich kann natürlich auch nicht darüber sprechen. Ich weiß in der Tat nichts darüber. Selbstverständlich sind die Bewältigungsformen und Konfrontationsenergien, die Luc gebraucht hat, um solch lang andauernde Gefahren in so vielen Kämpfen zu bestehen, in seine Person eingedrungen – das ist eine Erfahrungsritzung von ganz unvergleichlicher Schmerzhaftigkeit und Wirklichkeit. Aber im einzelnen zu behaupten, daß hier etwas in Lucs Arbeit aufgetaucht sei, was es vorher nicht gab, dazu bin ich nicht willens und nicht imstande. Ich habe nicht den Eindruck, daß sein Ernst und seine Sicherheit, auf dem Theater in leichter Weise von den schweren, existentiellsten Nöten der Menschen zu sprechen, in seiner Jugendzeit undeutlicher oder schwächer gewesen wären und sich dann mit größerer Unbedingtheit geäußert hätten. Mir scheint, daß er seinen Weg sehr kontinuierlich und mit relativ gleichem Schritt zurückgelegt hat.

Es gibt auch noch einen anderen Grund, warum man diese Frage im Zusammenhang mit Luc abwehren sollte. Regieführen lebt – trotz aller Einsichten, trotz aller Methodendiskussionen – immer von einem Geheimnisüberschuß. Ich meine nicht die Geheimnisse, die man in der Tiefe erspäht und dann hebt und analysiert, sondern die eigentlichen Geheimnisse, die während einer solchen Arbeit entstehen, deren Entstehung man zwar in gewisser Weise wahrnehmen kann, deren Endfassung man aber nicht sprachlich paraphrasieren kann. Lucs Geheimnisse sind oberflächlich, sie geschehen im hellsten Sonnenlicht.

Luc war auch gegen eine allzu psychologische Ausarbeitung, gegen eine allzu große Vergewisserung des Selbst, gegen den Versuch, das – läßlich gesagt – menschliche Unterfutter allzusehr an die Oberfläche zu ziehen. Die Form der tiefen emotionellen Begründung, des tiefen Blicks in den Spiegel zum Zwecke der Selbsterkenntnis, die Weise des Hinabtauchens in die Tiefe der Seele war Luc genauso eher fremd wie jede Art von politphilosophischer oder metahistorischer Einrede. Für mich war aufregend an Lucs Arbeit, daß sie mir die schönste Gelegenheit bot, mich an einen der treffendsten und glückhaftesten Sätze zu erinnern, der mich nun schon fast ein Leben lang begleitet, nämlich an den berühmten Satz aus den *Fragmenten* des Novalis, der lautet: »Das Äußere ist ein in Geheimniszustand erhobenes Innere.« Das sind die Beobachtungs-, die Jagd-, die Entzündungsgründe von Luc: Die Chiffren des Geheimnisses an der Oberfläche des menschlichen Gesichts, der menschlichen Gesten, der Choreographie der menschlichen Körper – in einem Spiel des sich Verhüllens und des sich Zeigens, nach Maßgabe der Schatten, die darüber ziehen, oder des Lichts, das darauf fällt.

Was hat deine Beziehung zu Luc ausgemacht? Du hast von einer gewissen Verklärungslust gesprochen, auch von der Erotik des Verhüllens bestimmter Aussagen. Was war deine Rolle dabei? Warst du ein Genosse des Verhüllens? Oder wolltest du bestimmte Dinge eher etwas klarer herausarbeiten?

Das sortiert sich nicht so. Das Eigentümliche des Verhältnisses zwischen Luc und mir besteht für mich in der Empfindung, an allen Punkten mit der Arbeit verwoben zu sein, in jedem Moment etwas mit der Regiearbeit zu tun zu haben. Ich bin ein Komplize all der widerstrebenden Momente und Regungen, die eine solche Arbeit konstituieren. Ich mache sehr viele dieser Wendungen mit, und zwar oft auf eine so lustvolle Weise, so daß ich am Schluß das Gefühl habe, für die Inszenierung mitverantwortlich zu sein. Ich weiß, daß das eine Illusion ist, aber sie entsteht immer aufs neue. Die normale, trübselige Einteilung, daß der Dramaturg ein ausschließlich rationalisierender, kritisierender, analytischer Gast bei den Proben ist, der hauptsächlich die Gesamtformulierung der Quintessenz der Arbeit des Regisseurs oder der Intentionen des Autors vornimmt, diese Einschränkung ist hier fast hinfällig. Ich weiß gar nicht, ob ich zu Lucs Arbeit ernsthaft etwas beitrage – das ist nicht meßbar. Ich weiß nur, daß ich dabei die Chance habe, mich lebendig und frei im Gedanken zu fühlen. Und diese Empfindung möchte ich noch recht oft haben. Die Verbindung zwischen Grazie und Präzision, die Luc in hohem Maße eignet, verwirklicht sich ja gerade durch die Tatsache, daß er während der Proben immer in der Lage ist, sich von dem, was auf der Bühne geschieht, überraschen zu lassen. Seine künstlerische Naivität regeneriert sich immer wieder und sperrt sich gegen ihre Besetzung oder ihre Transformation. Lucs Fähigkeit, sich überraschen zu lassen, um selber überraschen zu können, ermöglicht mir wiederum eine besondere Form der Teilnahme.

Wird diese Sensibilität gegenüber den Veränderungen von einem neuen Umfeld eher befördert? Oder braucht Luc die Kontinuität der Zusammenarbeit?

Auch hier kommt es auf das Mischungsverhältnis an. Luc strebt immer danach, einen bestimmten Ort, eine bestimmte menschliche Umgebung zu schaffen, die sich nicht grundsätzlich von derjenigen unterscheidet, in der er früher gearbeitet hat. Insofern ist er – allen äußeren Eindrücken zum Trotz – ein sehr stetiger, sehr treuer Regisseur geworden – treu den Leuten, mit denen er auf erprobte Weise zu arbeiten wünscht, lange Zeit treu zu dem Theater, für das er in Deutschland fast ausschließlich gearbeitet hat, nämlich der Schaubühne. Aber in diesem Feld gibt es dann, gerade weil es, was die Stimmung betrifft, so relativ traulich ist, immer den Impuls von Luc, dorthinein das Element des Unbekannten und Irritierenden zu setzen.

Luc reist viel, inszeniert in vielen Ländern. Du machst deine Erfahrungen lieber in einem kleinen Kreis. Sind eure Erfahrungsweisen einander nicht entgegengesetzt?

Es gibt da natürlich diese berühmte, oft trivial zitierte Anziehung der Gegensätze. Die Gegensätze zwischen uns können tatsächlich gar nicht groß genug gedacht werden. Es kann aber auch jeder von uns beiden am anderen einen gewissen Anteil entdecken, den er selber auch hat. Man darf zum Beispiel nicht vergessen, daß Luc einer der größten und inständigsten Leser ist. Das gehört alles zu seinem Hunger nach Realität: Erfahrungshunger nach Literatur. Er ist sicher einer der belesensten von den Regisseuren, die ich kennengelernt habe, großgeworden in und durch Literatur. Andererseits hat er immer gesagt – und das war der Grund, warum er mir überhaupt einen Raum in seiner Arbeit geben konnte –, daß es sehr viele Formen der Konfrontation mit Ideen und mit Realien gebe, die wir gemeinsam hätten. Luc und ich können miteinander auch über weitgreifende Zusammenhänge mit Passioniertheit und Empfindungsfähigkeit reden. Es handelt sich dann nicht nur um das Rangieren oder Kombinieren von Begriffen. Es gibt also durchaus ein Gemeinsames im Trennenden, und dieses Oszillierende in unserem Verhältnis ist vielleicht der Grund, warum unsere Zusammenarbeit nun schon so lange andauert. Was mich betrifft, so kann ich nicht behaupten, daß ich davon schon gesättigt sei. Luc ist so wenig mit sich selbst und mit der Welt fertig! Wenn er damit fertig wäre, würde er das selber als erotische Entropie empfinden. Er ist – in einem sehr individuellen und zarten Sinne – ein ständig Probierender, doch auch ständig neu sehend, riechend, schmeckend. Er ist zwar in seinen Maßnahmen gereift, seine Begierde in dieser Richtung hat aber nicht nachgelassen. Es gibt bei ihm eine ständige Offenheit, die er selber immer wieder neu herstellt. Bezeichnend ist, wodurch er auf den Proben irritierbar ist. Was ihn wirklich blockierte, war immer die Konfrontation mit irgendeiner festen Überzeugung, vielleicht auch mit der unanfechtbaren Ruhe einer Person, oder mit der großen, sozusagen »meisterlichen« Selbstgewißheit eines Schauspielers über sein eigenes Metier – irgend etwas, das sich selber als voll ausgebildete Weltsicht betrachtete, sich im Gleichen spiegelte und davon nicht lassen wollte. Das ist es, wovor Luc bleich wird und einen Tropfen Schweiß auf die Nase bekommt.

Das ist es, wovon er sich auf schreckliche Weise ein-
gesperrt fühlt, denn diese Haltung ist nicht mehr dia-
logfähig, sie äußert sich nur noch verdrängend und
umzingelnd. Das war immer das vorläufige Ende von
Lucs Tätigkeit, das Ende seiner Aufmerksamkeit als
Regisseur, und wenn es nicht gelang, das aufzulösen,
dann blieb auch in der jeweiligen Aufführung irgendein toter Punkt eingeschlossen, der dieses Moment
des Scheiterns in der Probe wie eine desensibilisierte
Narbe im Gewebe ausdrückte. Es war dann immer ein
gemeinsames, aber nicht miteinander zu gesellschaf-
tendes Scheitern von Regie und Schauspielern. Lucs
Offenheit zeigt sich auch daran, daß er von allen Regisseuren, mit denen ich arbeiten durfte, derjenige ist,
der mir am meisten Freiheit gewährt – ohne die große
Gebärde des Gewährens, sondern einfach dadurch,
daß er es geschehen läßt –, mich während der laufenden Proben persönlich an die Schauspieler zu wenden
und mich in dieser Weise unmittelbar am Probenprozeß zu beteiligen. Es gibt auch ganz andere Arten der
Zusammenarbeit mit einem sogenannten Dramaturgen, die für mich nicht weniger faszinierend und auf-
fordernd sind. Ich bin froh, daß ich viele Jahre meines
Lebens mit so unterschiedlichen und in ihrer Unter-
schiedlichkeit so sehr ausgeprägten Regisseuren arbeiten konnte, wie das Luc Bondy, Peter Stein und
Klaus-Michael Grüber sind, deren Unterschiedlich-
keit sich nebenbei auch in ihrer unterschiedlichen
Haltung zu mir darstellte. Für mich ist es immer ein
großes Abenteuer, ein großer Reiz des jähen Wechsels
der Perspektive gewesen, wenn ich von den Proben
des einen Regisseurs nach einiger Zeit in die Proben
des anderen Regisseurs kam.

Welche Art von »Erlebniswert« haben Lucs Stücke? Ist

es der »Erlebniswert« dessen, was man auf der Bühne
sieht, oder etwas darüber Hinausgehendes – im Sinne von
Dazulernen?

Das Lebendige der Arbeiten von Luc besteht gerade darin, daß man diese Fragen als ein und dieselbe
Frage ansehen muß. Wir hatten das Wort »Lernen«
(im Sinne der Wirkung des Theaters) zwar nicht mit
einem Anathema belegt, es wäre uns aber beiden
nicht eingefallen, es als eine Beschreibung oder als
eine Aufforderung in Zusammenhang mit Lucs Arbeit zu gebrauchen. Du hast nach dem »Erlebniswert« gefragt: All die Dinge, die uns umtreiben oder
uns als Fragemonster belagern, sind von einer solchen Arbeit natürlich nicht ausgeschlossen, sie findet
ja nicht unter hermetischen Bedingungen statt. Das
Gespenst, das pausenlos durch alle Ritzen der kleinen
Zone, in der man tätig ist, einzudringen versucht, ist
natürlich auch in unseren Seelen und in unseren Gehirnen vorhanden, wir können es daraus gar nicht
verbannen, und wir wollen das auch nicht. Was man
verstehen will, ist doch, in welcher Form der Lebendigkeit und in welcher Form der Mortifikation sich
diese Dinge in den Verhältnissen der einzelnen Menschen zueinander – das ist es, womit wir es auf dem
Theater zu tun haben! – ausdrücken. Man versucht,
die Hieroglyphen der Zeit in ihrer kleinsten Einheit zu entziffern – die Korrespondenzen zwischen
Mikro- und Makrophysik sind ja nicht zuletzt mit
den jüngsten Natur- und Wahrnehmungswissenschaften zu neuer Emphase gediehen. Man versucht,
an den Menschen, die sich auf der Bühne in Konflikten bewegen, die einander verfallen sind oder sich
auseinandersetzen oder durcheinander untergehen,
Formeln oder Bewegungscharakteristiken abzulesen.

Die Bühne ist der Ort, wo sich das Allgemeine und das Individuelle durcheinander ausdrücken. Als Luc anfing, in Deutschland zu inszenieren, war gerade etwas im Gange, woran auch die Schaubühne und ich selbst nicht ganz unschuldig waren: Damals gab es in der Bundesrepublik eine Art von Hypertrophie des Dramaturgischen. So wie vorher immer gesagt wurde, das Dramaturgische gäbe es eigentlich gar nicht, die Inszenierung zähle, nicht die Konzeption, so war jetzt plötzlich *alles* – mehr oder minder, ich übertreibe natürlich – Konzeption. Und der Dramaturg als Verwalter derselben rückte im Imaginarium der Theaterleute plötzlich zu einer mindestens zulassenden, wenn nicht sogar gewährenden Funktion auf. Das hat eine erneute Deflation des Dramaturgischen ausgelöst – Gott sei Dank! Luc war mit dieser Form eines konzeptionsseligen Theaters eine Weile lang durchaus vertraut – gerade weil er von unten her erst in die großen Häuser kommen sollte. Für etablierte, gesicherte und ihrer Arbeit bereits gewisse Leute spielte das alles natürlich keine so große Rolle. Er aber, der am Anfang stand, war den merkwürdigsten – zum Teil auch unbewußten – Prüfungssituationen und Initiationsritualen unterworfen. Man wurde ja im damaligen Westdeutschland der Künste und der Geisteswissenschaften ununterbrochen nach seiner politischen Gedankenträchtigkeit, nach seiner dialektischen Folgerichtigkeit usw. abgehorcht. Einen Menschen wie Luc, der sich nicht so sehr auf sein Handwerk und seine Erfahrung stützte, sondern sich vor allem seiner eigenen Musikalität, seiner eigenen Beobachtungsfülle, seiner eigenen Reiz- und Abenteuerlust überließ und von dort her seine ganz zentralen, lebendigen Beziehungen zum Theater aufnahm, einen solchen Menschen machte das wehrlos, ja schlimmer noch: unfruchtbar. Es schien die Zeit einer wirklich ziemlich unerträglichen Blüte eines hochstilisierten Vulgärmarxismus auf dem Theater, und es wurde bei jedem Neuankömmling darauf geachtet, ob er dieses ABC ebenfalls buchstabieren kann. Das konnte Luc aber nicht – oder vielmehr: er verweigerte sich. Das ist nichts, was ihn bis ins Herz verwundet hätte. Er kann sich aber durchaus noch an den damaligen Schmerz erinnern. Diesem Theater gegenüber fühlte er sich fern und fremd. Es war eine seiner Qualitäten, daß er sich in einer Situation, in der sich die maßgeblichen Leute, die in der Helligkeit Sitzenden, im Boot alle nach einer Seite lehnten, als zarter, sehr junger, sehr wacher Mann nach der anderen Seite lehnte. Das ist sein Stolz, und das war damals auch seine Gefährdung. Luc hatte eine gewisse Distanz zu einem – im philosophischen oder quasi-politischen Sinne – aufklärerischen Theater. Dabei ging es nicht nur um Gesinnungen, die Luc von jeher anders erfahren hat als die meisten von uns, nämlich nicht als Gewißheiten, die man besitzt, sondern als Funde, die man erlebt. Es war das aufklärerische, linke, sozialethisch fundierte Theater, von dem Luc unendlich weit entfernt war. Er setzte sich nicht nur von dem ab, was daran eng und borniert und amusisch war, sondern von jeder Art von künstlerischer Ausführung, die in den Auftrag einer Gesinnung, einer ihrer selbst bewußten Welterkenntnis gestellt wurde. Er wollte nicht, daß der Eros, die Mehrsinnigkeit oder der Abenteuercharakter verlorenging. Aber Luc besitzt eine unwiderstehliche Waffe gegen Funktionäre der Enge, nämlich die grazile Heiterkeit seines Denkens, seiner Haltung, sei-

nes Lachens, welch letzteres ihn in seiner Arbeit treiben, ihn leiten kann bis in die tiefsten und höchsten
Paradoxien: damit sind wir am Ende unseres Ge-
sprächs am Saum der Theologie, an der Luc doch
implicite teilhat, und die er so zart und halbbewußt
touchiert, daß sie seiner gelösten Profanität gegenge-
wogen ist.

INSZENIERUNGEN UND FILME

LUC BONDY

1966–1968

Ausbildung an der Schule von Jacques Lecoq in Paris.
Besuch der Internationalen Theateruniversität.

1969

Regieassistent am Thalia-Theater Hamburg.

1971

Narr und Nonne, Stanislaw I. Witkiewicz, Junges Theater, Göttingen.
Die Zofen, Jean Genet, Fabrik, Hamburg.

1972

Bremer Freiheit, Rainer Werner Faßbinder; *Die Stühle*, Eugène Ionesco, Städtische Bühnen Nürnberg.
Leonce und Lena, Georg Büchner, Düsseldorfer Schauspielhaus.

1973

Was ihr wollt, William Shakespeare, Wuppertaler Bühnen.
Stella, Johann Wolfgang v. Goethe, Staatstheater Darmstadt.
Die See, Edward Bond, Residenztheater München.

1973–1975

Mitglied des Direktoriums von Schauspiel Frankfurt.

1974

Glaube Liebe Hoffnung, Ödön von Horváth, Deutsches Schauspielhaus Hamburg.

Der Dauerklavierspieler, Horst Laube, Schauspiel Frankfurt.

1975

Die Unbeständigkeit der Liebe, Marivaux; *Hochzeit des Papstes*, Edward Bond, Schauspiel Frankfurt.

1976

Die Wupper, Else Lasker-Schüler, Schaubühne am Halleschen Ufer, Berlin.

1977

Man spielt nicht mit der Liebe, Alfred de Musset, Schaubühne am Halleschen Ufer, Berlin.

Lulu, Alban Berg, Staatsoper Hamburg.

Gespenster, Henrik Ibsen, Deutsches Schauspielhaus Hamburg.

1978

Platonov, Anton P. Tschechow, Freie Volksbühne Berlin.

1981

Wozzeck, Alban Berg, Staatsoper Hamburg.

Yvonne, die Burgunderprinzessin, Witold Gombrowicz; *Glückliche Tage*, Samuel Beckett, Schauspiel Köln.

1982

Film: *Die Ortliebschen Frauen*.

Macbeth, William Shakespeare, Schauspiel Köln.

Kalldewey Farce, Botho Strauß, Schaubühne am Lehniner Platz, Berlin.

Am Ziel, Thomas Bernhard, Schauspiel Köln.

1983

Sommer, Edward Bond, Münchner Kammerspiele.

1984

Così fan tutte, Wolfgang Amadeus Mozart, Théâtre de la Monnaie, Brüssel.

Terre étrangère (Das weite Land), Arthur Schnitzler, Théâtre des Amandiers, Nanterre.

1985

Mitglied der Direktion der Schaubühne am Lehniner Platz, Berlin.

1986

Die Fremdenführerin, Botho Strauß; *Ein heißes Herz*, Alexander N. Ostrowski, Schaubühne am Lehniner Platz, Berlin.

1987

Film: *Das weite Land*.

Der Menschenfeind, Molière, Schaubühne am Lehniner Platz im Hebbel-Theater, Berlin.

1988

Conte d'hiver (Das Wintermärchen), William Shakespeare, Théâtre des Amandiers, Nanterre.

1989

Die Zeit und das Zimmer, Botho Strauß, Schaubühne am Lehniner Platz, Berlin.

Le Chemin solitaire (Der einsame Weg), Arthur Schnitzler, Théâtre du Rond-Point, Paris.
Die Krönung der Poppea, Claudio Monteverdi, Théâtre de la Monnaie, Brüssel.

1990

Don Giovanni, Wolfgang Amadeus Mozart, Wiener Staatsoper.
Das Wintermärchen, William Shakespeare, Schaubühne am Lehniner Platz, Berlin.

1992

Schlußchor, Botho Strauß, Schaubühne am Lehniner Platz, Berlin.
Salome, Richard Strauss, Salzburger Festspiele (Coproduktion mit dem Théâtre de la Monnaie, Brüssel).

1993

John Gabriel Borkman, Henrik Ibsen, Théâtre de l'Odéon, Paris (Coproduktion mit dem Théâtre Vidy-Lausanne).
La Ronde (Der Reigen), Philippe Boesmans nach Arthur Schnitzler, Théâtre de la Monnaie, Brüssel.
Das Gleichgewicht, Botho Strauß, Salzburger Festspiele.

1994

Die Stunde da wir nichts voneinander wußten, Peter Handke, Schaubühne am Lehniner Platz, Berlin.

1995

Die Hochzeit des Figaro, Wolfgang Amadeus Mozart, Salzburger Festspiele.

Der Illusionist, Sacha Guitry; *Träumen wir!*, Sacha Guitry, Schaubühne am Lehniner Platz, Berlin.

1996

Don Carlos, Giuseppe Verdi, Théâtre musical du Châtelet, Paris.

Jouer avec le feu (Mit dem Feuer spielen), August Strindberg, Théâtre Vidy-Lausanne (Coproduktion mit den Wiener Festwochen).

INHALT

Luc Bondy
Texte und Erzählungen

Folgende Texte wurden in der deutschen Originalfassung abgedruckt:
Ivan Nagel: Lob des Unvorhersehbaren; Peter Stein über Luc Bondy;
Gespräch mit Dieter Sturm; Luc Bondy: Weg von wo?, Brief an Joana,
Ein Gespräch über meine Zukunft